Manuela Oetinger: Transformation und Zeitenwandel

Manuela Oetinger

Transformation und Zeitenwandel

Wie man sich
auf die große Veränderung vorbereitet

Aquamarin Verlag

Deutsche Originalausgabe
1. Auflage 2010
© Aquamarin Verlag GmbH
Voglherd 1 • D-85567 Grafing
www.aquamarin-verlag.de

Satz: Sebastian Carl, Amerang
Umschlaggestaltung: Annette Wagner

ISBN 978-3-89427-522-8

Druck: Bercker • Kevelaer

INHALT

Einleitung 7

1. Erleuchtung-Erhöhung-Liebe 11
2. Liebe – die Antriebskraft zur Transformation 23
3. Hüter der Schwelle 27
4. Die Tage des Übergangs 31
5. Alte Seelen – junge Seelen 41
6. Männlich – Weiblich 47
7. Die dunkle Seite 53
8. Die globalen Felder 67
9. Die Astralwelt – Täuschungen und Verblendungen 75
10. Was in der Nacht geschieht 83
11. Aggression 91
12. Der echte und der falsche Feind 95
13. Freiheit und Eigenverantwortung 101
14. Die Transformation des Karma 105
15. Die Verfeinerung der Wahrnehmung 111
16. Die Schwierigkeit, die Stille zu finden 119
17. Schmerzfelder 123
18. Gehirn-Umpolung und Zellveränderung 129
19. Das Gefühl der Überforderung 135
20. Suchtverhalten 139
21. Essverhalten 143
22. Alte Bindungen auflösen 147
23. Materie und Besitz 151
24. Geldsysteme 155
25. Neue Wege des Zusammenlebens 157
26. Die Lauen werden den Umbruch verpassen 162
27. Ein Ausblick in die Zukunft 165

EINLEITUNG

In keiner für uns historisch nachvollziehbaren Epoche haben sich in einem solchen radikalen Ausmaß Erneuerungen oder Veränderungen ergeben wie in der heutigen Zeit. Selbst die Zeit an sich scheint dahinzurasen. Viele Menschen haben das Gefühl, kaum mehr mitzukommen. Ob dieses Geschehen im eigenen Alltag stattfindet oder ob man das Geschehen in der Welt allgemein betrachtet, es zeigt sich überall das gleiche Bild. Die Schnelligkeit der Ereignisse ist verblüffend – im Kleinen wie im Großen. Man kann dabei Gutes erkennen, aber auch jede Menge Vorkommnisse, die sich eher negativ darstellen. Doch auch diese scheinbar negativen Vorgänge sind wichtig für den aktuellen Zeitenwandel und tragen, wenn man sie erkennen kann, zur persönlichen und kollektiven Bewusstwerdung bei.

Dieses Buch möchte zum einen beschreiben, wie sich negative Strukturen augenblicklich darstellen und somit für den Menschen „sichtbar" werden, zum anderen aber den Weg und die lichtvollen Wandlungsmöglichkeiten aufzeigen, die sich durch die veränderte Schwingung und das Einströmen stärkerer Lichtenergie für uns Menschen anbieten. Es soll offenlegen, wie man durch Erkenntnis zur Wahrheit gelangt und seine eigenen inneren Bereiche auf die neue Zeit und auf die neue Schwingung einstellt. Jeder Mensch hat die Möglichkeit, alle Aspekte seines Wesens, die bislang noch in Unwissenheit oder Dunkelheit verharrten, durch das Licht der Liebe neu erstrahlen zu lassen,. Dann werden die „Tage des Übergangs" nicht als „Heulen und Zähneklappern" empfunden, sondern mit großer Dankbarkeit und Liebe angenommen, da die Wahrheit erkannt und die Nähe zur göttlichen Kraft und zu den hohen Lichtwesen bewusst erlebt wird.

Nachstehend werden keine Szenarien behandelt, welche auf rein weltlicher Ebene auf den Planeten Erde zukommen können, wie etwa:

- Rohstoffverknappung (von Trinkwasser, Nahrung oder Öl)
- Übernahme ganzer Regierungen durch die *dunkle Seite*
- Epidemien durch Viren oder andere Krankheitserreger
- Globale Erwärmung
- Umweltverschmutzung – Erhöhte Sonnenaktivität
- Polverschiebung und Reduzierung der Erdanziehung
- Veränderung der magnetischen Schwingung auf der Erde
- Meteoriteneinschläge, Vulkanausbrüche oder Erdbeben

Bevor der große Wandel tatsächlich einsetzt, kann es durchaus geschehen, dass wir mehrfach mit diesen Themen konfrontiert werden, doch erhält die Menschheit immer wieder Botschaften aus der Geistigen Welt, dass wir uns nicht fürchten sollen. Wir sollen im Vertrauen auf die höhere Führung an uns arbeiten und mithelfen, unsere Lebenswelt auf allen Ebenen zu verbessern. Wir sind gar nicht so machtlos, wie man meinen könnte! Schon einige Wenige können mit ihrer Liebe, die von Gott geschenkt wird, und mit der Kraft des Gebetes eine Veränderung der gesamten Schwingung der Erde und somit der möglichen zukünftigen Geschehnisse herbeiführen. Nicht durch den Druck des Willens erfolgt dies, sondern aus der Kraft der Wahrheit und mit Hilfe der Geistigen Welt. Man sollte sich stets bewusst machen, dass die *wahre* Kraft allein von Gott kommt. So wie Jesus sagte: „Mein Vater tut die Dinge durch mich." Ist das, was der Mensch wünscht und wofür er betet, identisch mit dem Schöpferwillen, kann durch diese Hinwendung sehr viel erreicht werden. Durch das Bemühen vieler liebevoller Menschen und Lichtwesen, die, so gut sie es vermögen, mithelfen, negative Energie umzuwandeln, konnten bereits einige der Auswirkungen aufgehoben werden, die noch in alten Prophezeiungen als Zerstörungen vorhergesagt wurden. Das ist eine gute Botschaft und schenkt Hoffnung.

Man weiß inzwischen aus der Quantenphysik, dass die kleinsten Teilchen, aus welchen unsere Materie besteht, durch die bewusste Betrachtung eines Menschen in Schwingung und Resonanz geraten. Man hat eindeutig nachgewiesen, dass erst durch das Vorhandensein eines menschlichen Betrachters die Quantenteilchen reagieren. So lenkt der Betrachter das Geschehen. Im übertragenen Sinne heißt dies: Der Mensch formt seine Umwelt selbst. Somit kann gut erkannt werden, wie stark sich die negativen Ströme auf der Erde ausgebreitet haben. Es wird Zeit, dass sich der Mensch wieder der Liebe im Inneren bewusst wird und durch die eigene Aktivität eine Veränderung herbeiführt. Man weiß weiterhin aus der Quantenphysik, dass durch die Betrachtung von mehr Menschen auch eine stärkere Auswirkung auf die Quantentätigkeit ausgeübt wird. Bleiben die Menschen unbewusst und gehen ihrer Alltagsroutine nach, wird auch keine Reaktion und keine Veränderung erfolgen. Doch die neue Lichteinstrahlung lässt die Menschen allmählich immer mehr aufwachen, und je mehr Menschen die Wahrheit erkennen, umso schneller kann eine Umstrukturierung herbeigeführt werden. Wichtig ist hier immer die Übereinstimmung mit dem höheren Willen, ansonsten würde stets nur der Eigenwille reagieren.

Die tiefe Überzeugung, dass die Liebe, das Göttliche, dem Menschen große Unterstützung in diesem Wandlungsprozess zukommen lässt, schenkt Trost und Kraft, auch wenn die Prozesse zurzeit noch schmerzlich sind oder die Mithilfe sehr anstrengend ist.

Lassen Sie sich nicht von negativen Vorgaben oder von „Angstmachern" einschüchtern. Es steht nicht das Ende der Welt bevor, sondern ein Wandlungsprozess, der es dem Menschen nach dem Übergang erlaubt, die göttliche Kraft intensiv wahrzunehmen, die geistigen Wesen bewusst zu erkennen und die Wahrheit durch einen offenen Geist zu erleben.

1. ERLEUCHTUNG-ERHÖHUNG-LIEBE

Diesen drei Worten: **Erleuchtung-Erhöhung-Liebe** gehört die Zukunft. Mag der Übergang noch etwas ruppig verlaufen, er dient in der Gesamtheit immer der Liebe. Wenn man einem Menschen, dem nur das Äußere wichtig ist und der nur Befriedigung findet, wenn er andere Menschen beherrschen und sich bedienen lassen kann, seine überteuerten Prestige-Objekte wegnimmt, so dass er nicht mehr angeben kann, nur das Beste der Welt sei ihm gerade gut genug, wird er natürlich heulen und mit den Zähnen klappern. Ein anderer Mensch hingegen, der zwar auch gerne schön lebt und dankbar die Geschenke des Lebens annimmt, wird es als Glück empfinden, wenn alle Menschen in gleicher Liebe und Gesinnung in inniger Harmonie mit dem Göttlichen leben werden. Er wird sich darüber freuen und sogar gerne teilen, sollte er mehr haben als andere; denn nach der Verwandlung wird es keinen Neid und auch keine Faulenzer mehr geben. Alle Menschen werden gemeinsam dem Höchsten entgegenstreben und sich für das Gemeinwohl einsetzen, nicht mehr nur für das eigene. Dann hat man auch keine Bedenken mehr wegen einer möglichen Versorgungsnot, wenn man mit anderen teilt, denn es wird genügend für alle da sein. So wie Einstein sagte: „Die Welt hat genug für die Bedürfnisse eines jeden, aber zu wenig für die Habgier eines Einzelnen!"

Sollte Ihnen im Moment vieles etwas seltsam vorkommen, etwa wie bei den nachstehend aufgezählten Phänomenen, dann seien Sie nicht beunruhigt: Es sind Zeichen des Zeitenwandels!

- Spüren Sie, dass sich etwas tiefgreifend verändert: In Ihrer Umwelt, bei Ihren Mitmenschen und auch in Ihnen selbst?

- Fühlen Sie, dass sich etwas ereignet, was man nicht benennen kann, was aber immer mit einem seltsamen Gefühl einhergeht?

- Spüren Sie auch immer wieder Erschöpfungszustände, die sie sich nicht erklären können? Empfinden Sie manchmal Kopfschmerzen oder Druck im Schädeldach oder in der Stirn? Haben Sie manchmal Sehstörungen?

- Haben Sie manchmal das Gefühl, Ihre Nerven könnten versagen?

- Erleben Sie Nächte, in denen sie nur wenig schlafen oder nach einem Aufwachen kaum mehr einschlafen können?

- Wachen sie zu bestimmten Zeiten in der Nacht immer wieder auf?

- Erfahren Sie von sich oder von Mitmenschen, dass Krankheiten immer mehr zunehmen oder auch körperliche Leiden auftreten, die medizinisch nicht erklärt werden können?

- Leiden Sie häufiger unter unerklärlichen Schmerzen oder seltsamen Gefühlen?

- Haben Sie manchmal beim Betrachten der weltlichen Geschehnisse den Eindruck, Sie seien „im falschen Film"? Das Geschehen könne doch irgendwie nicht wahr sein?

- Haben Sie manchmal das Gefühl, einiges in Ihrem Leben verändern zu wollen? Möchten Sie eventuell sogar den Beruf wechseln, umziehen oder alles einmal umkrempeln?

- Beobachten Sie das Zunehmen der Gewalt und haben das Gefühl, die Lieblosigkeit nehme zu, anstatt ab. Ertappen Sie sich beim Liebäugeln mit alten Süchten?

- Fühlen sie manchmal unerklärliche Ängste? – Meiden Sie häufiger große Menschenansammlungen?

- Tauchen in Ihrem Fühlen oder Handeln Dinge auf, die sie eigentlich schon lange bearbeitet glaubten und die jetzt in Bruchteilen wieder auftauchen?

- Ereignen sich in Ihrem Leben unangenehme Dinge, deren Annahme und Verarbeitung Ihnen schwerfällt?

- Können Sie bereits fühlen, dass die Inspiration aus der Geistigen Welt stärker wird, den Menschen intensiver leiten kann und ihm in naher Zukunft immer mehr Sicherheit und Geborgenheit vermittelt?

- Wird ihr Mitgefühl intensiver und das Leid anderer für Sie schwerer zu ertragen?

- Hat sich Ihr Mitgefühl für die Tiere und die Natur verstärkt?

- Erleben Sie in Ihrem Wesen bereits eine sensiblere Wahrnehmung?

Dies ist nur ein grober Auszug der Phänomene des derzeitigen Verwandlungsgeschehens, doch bereits bei wenigen Ja-Antworten können Sie davon ausgehen, dass sie mitten in diesem Prozess stehen. Dann fühlen Sie bereits, wie schon viele Menschen mit wachem Geist und offenen Augen, dass sich Umwälzungen und Veränderungen ereignen, die man noch gar nicht abschätzen kann.

Sie vollziehen sich mit solcher Stärke und Geschwindigkeit, dass man das Gefühl hat, man könne den Geschehnissen kaum mehr folgen. Die Nachrichten sind gespickt mit Gräueltaten und Vorgängen, die man sich manchmal gar nicht mehr anschauen möchte. Man hört von Amokläufen, von verstärkter Aggressivität, welche die Polizei nicht mehr unter Kontrolle bringen kann, von Krankheiten, die sich schnell ausbreiten, oder von Verbrechen gegen die Menschlichkeit, dass einem das Herz stillzustehen droht. Gleichzeitig ereignen sich auch Veränderungen und Neuorientierungen, die in den Nachrichten eher weniger besprochen werden, da sie nicht so spektakulär sind. Doch einige davon repräsentieren bereits den neuen Zeitgeist und machen deutlich, dass sich neben allen Zeichen von Lieblosigkeit bereits Wege öffnen, die von Liebe und von einem herzlichen Miteinander geprägt sind. Desweiteren gibt es technische Errungenschaften, die das bisherige Machtgefüge der Energiepolitik zum Wanken bringen. Noch arbeiten die „Mächtigen" dagegen, doch wird ihnen nicht mehr viel Zeit bleiben, ihre alten dunklen Machenschaften aufrechtzuerhalten.

So erscheint uns das derzeitige Leben wie ein „Karussel der Übelkeiten". Menschen, die sich eigentlich zusammenschließen sollten, arbeiten gegeneinander. Es geht um Macht und Unterdrückung – im Kleinen wie im Großen. Man neigt mitunter aufgrund der teilweise harten Lebensanforderungen und Prüfungen zum Aufgeben, doch dienen diese bereits zur Vorbereitung und energetischen Klärung, damit das Licht der zukünftigen globalen Schwingung den „neuen" Menschen durchdringen und durchlichten kann. Auch wenn die Tränen näher scheinen als das Lachen, ist diese Zeit eine ganz besondere und wichtige. Es ist eine Zeit der Vorbereitung, und alle Prüfungen, alle Ereignisse finden zur Klärung, zur Betrachtung und zur Bewusstwerdung statt. Daher ist es wichtig, dass die Transformation als notwendiger Schritt in eine neue Zukunft betrachtet wird, in der die dunkle Seite in ihrer bisherigen Ausrichtung und die Lieblosigkeit keinen Platz mehr haben.

Würde die Geistige Welt die Menschen in ihrer derzeitigen Ausrichtung weiter ihre Lieblosigkeit ausleben lassen, wäre die Welt dem Untergang geweiht. Die Menschheit ist nicht mehr in der Lage, weder als einzelnes Land noch als Kontinent oder als globales Gebilde, das Weltgefüge auf seinem abstürzenden Pfad aufzufangen. Die Umwelt ist zu sehr verschmutzt, die Masse der Menschen auf dieser Erde verharrt in Unbewusstheit und will von Gott und den höheren Werten nichts wissen, die Bedürfnisse sind zu stark auf Äußerlichkeiten ausgerichtet und die Liebe ist zur Mangelware geworden. Hätte eine größere Anzahl an Menschen sich in tiefem Gebet und voller Hinwendung an die lichtvollen Kräfte mit dem Strom der Liebe verbunden und wären Wege des liebevollen Miteinanders gegangen, wäre es sicher möglich gewesen, die derzeitige Veränderung ruhiger und von der geistigen Führung getragen zu erleben, doch ist dies leider nicht geschehen. Der freie Wille ist das oberste Gebot, und es ist dem Menschen überlassen, welchen Weg er gehen möchte. Die dunkle Seite hoffte bis zuletzt, das Zepter an sich reißen zu können, doch ist ihnen dies verwehrt. Es wird am Ende immer die Liebe siegen. Auch wurde die bevorstehende „Erhöhung" bereits lange geplant, und die kommende Schwingungsveränderung wird den ganzen Planeten erfassen. Sie wird weit in die feinstofflichen Ebenen hineinreichen und viel Licht und Liebe freisetzen. Viele Wesen freuen sich auf diese Zeit, ob sie nun in den feinstofflichen Schichten unserer Erde leben oder auf anderen Planeten.

Deshalb darf die Menschheit ein Eingreifen der höheren Mächte erwarten, welche nicht wieder eine ganze Kultur oder einen Planeten zerstören lassen, sondern die Menschheit in eine höhere Schwingung geleiten. Es wird eine große Anzahl Menschen geben, die in das neue Zeitalter eintreten können, da sie das erforderliche Maß an Liebe in sich tragen, doch es wird auch viele geben, die den Wandel nicht auf diesem Planeten erleben, sondern in andere Schwingungsebenen geleitet werden. Viele dieser Menschen wussten das vor ihrer Inkarnation bereits. Sie sind sogenannte

Beobachter für eine Zeit, in der sie selbst in der Zukunft diese Erhöhung erleben dürfen. Andere wiederum sind „Quereinsteiger", die sich einfach noch nicht das erforderliche Maß an Liebe erarbeiten konnten. Sie werden liebevoll in neue Entwicklungsebenen geführt. Hierfür stehen gewaltige Heere von geistigen Wesenheiten bereit, die im Umbruch eingreifen und die Seelen geleiten werden. Keine Seele wird verlorengehen oder vergessen werden, für alle ist gesorgt.

Es ist sehr wichtig, sich immer wieder bewusst zu machen, dass diese Zeit von vielen hohen Lichtwesen begleitet wird. Alle Menschen, die sich um den Schutz und um die Führung aus den geistigen Reichen bemühen, werden niemals alleine gelassen. Auch wenn es ihnen nicht bewusst ist, wachen über allen Menschen, die in ihren Herzen liebevoll sind, Engel, welche zur rechten Zeit eingreifen und den Menschen auffangen, wenn ihm plötzlich das wahre Dasein bewusst wird und er sich noch verwirrt in der neuen Schwingung wiederfindet. Die Liebe ist grenzenlos, und alle Menschen sind getragen vom Schutz der Engel und jenen Lichtwesen, die sich für diesen Zweck bereits seit einiger Zeit in unserer geistigen Nähe befinden.

Doch es wirken auch starke Repräsentanten der dunklen Seite auf der Erde, ebenso wie Menschen, die erst wenige Inkarnationen hinter sich haben. Hier ist es ganz verständlich, dass diese den kommenden Wechsel in eine höhere Schwingung gar nicht ertragen oder gehen können. Es herrschen eindeutige Gesetzmäßigkeiten, die von Geistigen Hütern und Lichtwesen ausgeführt werden, die uns im ersten Moment hart erscheinen, aber dennoch dem Entwicklungsverlauf entsprechen, dem alle Menschen folgen müssen oder schon gefolgt sind. So können Menschen, die sich noch am Anfang ihres Weges zurück in das geistige Reich befinden, innerhalb des Beginns der Wandlung erfahren, wie groß die Liebe Gottes ist und dass sie am Ende ihres Erfahrungsweges immer von der Liebe aufgenommen werden. Schon alleine deshalb wird es für sie lohnend gewesen sein, genau in dieser Zeit auf der Erde zu leben, auch wenn sie selbst noch nicht reif genug sind, um in diese höhere Entwicklungsebene überzutreten.

Die nachfolgende Aufstellung gibt einen groben Überblick über die derzeitigen Inkarnationsmuster. Es sind folgende Seelen inkarniert:

1. Seelen, welche sich seit Anbeginn der Zeit durch viele Epochen entwickelt haben und nun bereit sind, erhöht zu werden, um den Übertritt in die nächste Entwicklungsebene zu erreichen.

2. Wesen, die man als „Quereinsteiger" bezeichnen kann. Einige konnten sich genügend Liebe erarbeiten, andere haben zwar einige Inkarnationen hinter sich, konnten jedoch noch nicht das Maß an Liebe erreichen, welches notwendig ist, um den Schwingungswechsel zu erleben.

3. Wesen, deren innere Ausrichtung als „lau" bezeichnet werden kann. Sie neigen nicht mehr zur dunklen Seite und sind auch nicht bösartig oder machtbesessen, jedoch bemühen sie sich in keiner Weise um Verwandlung oder bringen die erforderliche Energie auf, die für eine Veränderung der Seele notwendig ist.

4. Seelen, welche erst am Anfang ihres Inkarnationsweges stehen und sich noch stark auf ihre niederen Instinkte ausrichten. Sie sind noch nicht im Ansatz in der Lage, den Weg der Liebe zu begreifen. Nicht selten war es ihnen nur deshalb möglich, sich auf der Erde zu inkarnieren, weil sich das Schwingungsniveau so gesenkt hat oder die Eltern sich in Perversion, Machtgier oder tiefster Lieblosigkeit vereint hatten.

5. Dunkle Wesen, deren Anliegen es ist, nicht Liebe sondern Hass und Machtstreben auf die Erde zu bringen, da sie nichts anderes kennen und der dunklen Seite dienen.

6. Sehr dunkle Wesen, die man durchaus als führende Kräfte der dunklen Seite bezeichnen kann. Sie streben nicht nur von den niederen astralen Ebenen nach Macht über die Menschen, sondern sind teilweise sogar selbst inkarniert.

7. Wesen, die sich aus eigenem Ermessen oder aus Begierde den Machtgelüsten hingeben und nicht den Weg zurück in das geistige Reich des Lichtes gehen wollen.

8. Seelen, von denen man bei derzeitiger Betrachtung nicht erwarten würde, dass sie den Weg der Liebe gehen können, und doch leben sie momentan nur noch ihre letzten dunklen Reste aus. In ihrem Inneren sind sie bereits der Liebe zugewandt. Kurz vor dem Einsetzen der großen Lichtwelle erkennen sie die Wahrheit, und die Gnade Gottes erhört ihre Demut und anerkennt ihre Reue. Auch sie werden den Übergang schaffen und die nächste Ebene betreten können.

9. Lichtwesen, die für unser aller Heil zurzeit auf dem Erdenplan anwesend sind und alles unternehmen, um mehr Liebe auf die Erde zu bringen. Man kann sie als Engel bezeichnen, die dem Menschen auf ihrem Erkenntnisweg helfen. Sie greifen in der Zeit des Übergangs liebevoll ein und klären so manche Verwirrung, die sich einstellen wird.

10. Wesen, welche eigentlich als „Außerirdische" bezeichnet werden könnten, da sie ihren Entwicklungsweg auf anderen Planeten durchlebt haben und ein hohes Maß an Liebe in sich tragen. Auch sie helfen den Menschen während des Übergangs und tragen dazu bei, dass sich die Schwingung erhöhen kann. Sie sind bereits jetzt, in der Zeit vor dem Übergang, dabei, ein Lichtnetz aufzubauen, in dem sich der Mensch geistig führen lassen kann.

11. Wesenheiten, die aus anderen Entwicklungsformen als denen des Menschengeschlechts stammen, sich jedoch für diese Art der Weiterentwicklung entschieden haben. Dies sind teilweise Naturwesen oder auch Wesen aus den Reichen der vier Elemente, welchen es erlaubt ist, ihren Weg zu ändern und sich fortan bei den Menschen weiterzuentwickeln.

12. Lichtwesen, deren Vorhandensein bislang nur sehr wenigen Wissenden bekannt war. Sie sind nicht in der bekannten Form aus den Lichtwelten „gefallen", sondern lebten in feinstofflichen Welten, die nicht von der dunklen Seite beeinflusst waren. Sie haben sich nie gänzlich von Gott abgewandt und mussten deshalb nicht erst durch Lieblosigkeit wieder in die Energie der Liebe zurückfinden. Ihre feinstofflichen Formen entsprechen nicht den uns bekannten Körpern, doch haben sie sich durch eine weltliche Inkarnation dem irdischen Gefüge angepasst. Solche Wesen benötigten mitunter nur eine Inkarnation, um die Lebenswelt Erde zu durchlaufen. Zu gegebener Zeit helfen auch sie dennoch verwirrten alten Erdenseelen, um diesen Übergang bestmöglich zu beschreiten.

Dies ist nur ein Ausschnitt aus der Vielzahl von Wesenheiten, die sich um uns befinden. Das Wissen um sie kann das Bewusstsein erweitern für die rechte Betrachtung, wenn man erkennen muss, dass nicht alle den Übertritt in die höhere Schwingung erreichen können. Es unterliegt alles einer inneren Ordnung, die nach der Wandlung auch in eine äußere Ordnung einmündet. Alles ist genau vorbereitet; und auch wenn uns zurzeit alles chaotisch und verwirrend erscheint, wirkt in der Tiefe immer eine höhere Ordnung. Es wird den lieblosen Ausrichtungen zurzeit ganz bewusst ein kurzes Aufleben gestattet, doch dient dies ausschließlich der Bewusstwerdung für die Menschen und der Möglichkeit, sich von diesen Machenschaften zu lösen. Mitunter wird der Mensch mühevoll an die Ablösung von alten Bindungen herangeführt, doch dient dies dem Streben seiner höheren Seele und ist absolut notwendig, um die Zeit des Übergangs möglichst ruhig und getragen zu erleben. Wir gehen in den nachfolgenden Kapiteln eingehend auf die wirkenden Strukturen ein und zeigen auch Möglichkeiten auf, um die Liebe zu stärken und sich abzulösen von den noch vorhandenen alten Energien.

Das aktuelle Zeitgeschehen kann als Reinigung bezeichnet werden und als Vorbereitung für das Einströmen von hohen Lichtenergien. Wie lange diese Zeit noch dauern wird, ist wohl eine Frage, die nur Gott alleine beantworten kann, jedoch deutet die Geschwindigkeit, mit der alles „ans Licht" kommt, Untaten aufgedeckt werden oder deutlich wird, dass bestimmte Systeme in Politik, Wirtschaft, Schule oder Gesundheit nicht mehr funktionieren, darauf hin, dass die Zeit immer mehr in eine „Bedrängung" gerät. Sie scheint immer schneller zu rasen, und die Auswirkungen scheinen immer heftiger zu werden. Es liegt im höchsten Ermessen, wann der „große Wandel" stattfinden wird.

Wenn unsere Informationen stimmen, wird dieses endgültige Lichteinströmen innerhalb weniger Tage die Schwingung auf der Erde so stark erhöhen, dass lieblose Wesen sich zukünftig nicht mehr länger innerhalb dieser Energien aufhalten können.

Es wird so sein, als würde die ganze Erde von einer göttlichen Lichtwelle erfasst, die alles Leben durchdringt und das ganze Sein in eine höhere Ebene versetzt. Es wird die erste Stufe der feinstofflichen Welt sein, und die harte Materie, wie wir sie jetzt kennen und erleben, wird in dieser Dichte auf der Erde nicht mehr vorhanden sein. Man kann es auch als die Rückkehr in paradiesische Zustände ansehen, als die Rückkehr in die Göttliche Heimat, in der die Dichte der Unbewusstheit ihren Druck verliert. Dann lösen sich die Auswirkungen vom *Turmbau zu Babel* auf, und die Menschen können sich auch telepathisch wieder begegnen und benötigen nicht mehr das Gewirr der verschiedenen Sprachen auf der Erde. Auch die Kommunikation mit der Geistigen Welt wird möglich sein, und die Führung aus den Lichtreichen wird von allen Menschen offen empfangen. Alle werden mit viel Liebe und Freude ihren Entwicklungsweg beschreiten können.

2. LIEBE – DIE ANTRIEBSKRAFT ZUR TRANSFORMATION

Manche Leserin, mancher Leser mag sich nun vielleicht fragen: „Bin ich denn überhaupt fähig, die Schwingungserhöhung mitzuerleben? Bin ich dabei???"

Bereits das Stellen dieser Frage zeigt deutlich auf, dass das Streben nach Liebe vorhanden ist und sich das Bewusstsein bereits im Wandel befindet. Wir müssen auch nicht glauben, dass wir bereits vollkommen sein müssen. Die Arbeit an der Seele geht danach genau so weiter, nur in einer viel lichteren Umgebung und in einer Bewusstheit, wie wir sie uns heute kaum erträumen können. Dennoch ist die Frage sehr wichtig, denn sie fordert uns auf, noch an den Rest-Unstimmigkeiten und Lieblosigkeiten der eigenen Seele zu feilen, uns noch abzulösen von alten Anhaftungen, damit nicht alte Bindungen an uns zerren oder Bande mit Menschen oder Energiefeldern bestehen, welche noch in der Dunkelheit verharren.

Gegenwärtig wird von der geistigen Führung alles daran gesetzt, noch bestehende Bindungen abzubauen und Belastungen aufzulösen. Es bleibt uns teilweise gar nichts anderes übrig als mitzugehen, wenn beispielsweise ein globales Feld aufgelöst wird und man irgendwie noch daran hängt. Hat man bereits die richtige Erfahrung gemacht und gelernt, was es zu lernen gab, wird man nicht mehr direkt in diese Felder hineingezogen, dennoch erlebt man mit Erschöpfungszuständen, Schmerzen oder extrem schlechten Nächten, dass man irgendetwas verarbeitet und im Feinstofflichen engagiert ist. Bei persönlichen Verarbeitungen ist dieser Prozess noch intensiver. Alle Menschen werden gegenwärtig zur Klärung bewegt, damit im Übergang die Aura, das Energiefeld des Menschen, so klar und rein wie möglich ist. Das bedeutet, dass der Mensch durch die Liebe und sein Streben nach Wandlung jetzt alles auflösen kann, was es an Altem noch aufzulösen gilt.

Altes Karma wird in der neuen Lichtschwingung nicht mehr vorhanden sein, jedoch kann man an der in der Zukunft von allen wahrnehmbaren Strahlung der Aura erkennen, wie intensiv die Hinwendung an die Liebe bereits erarbeitet wurde. So werden auch Menschen den Übergang in das neue Zeitalter erreichen, deren Aura noch nicht so stark strahlt, wie etwa die seines Gegenübers; doch muss das notwendige Mindestmaß an Liebe vorhanden sein, damit der Übergang in das neue Zeitalter erfolgen kann. Deshalb ist es wichtig, an seinen Tugenden zu arbeiten sowie alte Ängste loszulassen.

So kann es sich für Sie als sehr lohnend erweisen, sich immer wieder zu prüfen:

- Sind Sie noch stark im Bewerten anderer Menschen oder Geschehnisse verhaftet?

- Geraten Sie schnell in Ablehnung gegenüber Menschen oder Gegebenheiten?

- Wehren Sie sich gegen viele Dinge in Ihrem Leben?

- Wenn man Ihnen etwas Negatives über einen anderen Menschen erzählt, möchten Sie diesen schützen und sprechen für ihn oder schimpfen Sie sogar mit?

- Können Sie sich mit anderen Menschen freuen, wenn diesen etwas Gutes widerfährt?

- Spüren Sie in Ihrem Inneren einen Teilbereich, der seinen eigenen Frust dadurch relativieren möchte, indem er sich negativ über andere auslässt?

- Sind Sie tolerant?

- Wie oft fühlen Sie Freude in Ihrem Inneren?

- Regen Sie sich schnell über den langsamen Fahrer vor Ihnen auf?

- Werden Sie noch von vielen Ängsten geplagt oder entwickelt sich bereits Gottvertrauen?

Dies sind Fragen, auf die man vermutlich in vielen Fällen immer wieder mit Ja antworten muss – wenn man ehrlich ist. Es soll hier keine Wertung stattfinden oder die Botschaft verkündet werden, man müsse sein Leben liebevoller gestalten. Das bleibt immer im persönlichen Ermessen, jedoch können wir genau an diesen Dingen arbeiten, wenn wir mehr Liebe im Inneren fließen lassen möchten. Es kommt ganz bestimmt immer wieder vor, dass man sich dabei ertappt, wie man beispielsweise über den Fahrer im Vorderauto schimpft. Man möchte schneller vorwärts kommen und wird komplett ausgebremst. Das Leben lädt uns harte Prüfungen auf, oder die täglichen Anforderungen sind extrem groß; und gerade in solchen Phasen liegen die Nerven oft blank und man lässt sich zu unüberlegten Reaktionen hinreißen. Überholt man dann und sieht in das Auto, wer denn da so „blöd" fährt, bemerkt man vielleicht, dass dort ein Mensch sitzt, der ebenfalls extrem überfordert ist. Vielleicht wirkt er alt oder krank, und schon tut es einem leid, dass man so schlecht über ihn gesprochen hat und solche negative Energien auf ihn gerichtet hat. Leider wird oft vergessen, dass diese Emotionen direkt auf den Menschen übergehen und ihn belasten. Ist er dann auch noch krank, ist dies seiner Genesung alles andere als förderlich.

Bereits das Streben in guter Absicht und jede Situation mehr, in der wir es geschafft haben, liebevoll zu sein, erhöht das Licht in unserer Aura. Trägt ein Mensch schon sehr viel Liebe in sich, ist sein Lichtkörper entsprechend stark entwickelt, was jeden anspornen sollte, hier gezielt an sich zu arbeiten.

Es gilt, sich bewusst zu machen, dass es nicht nur ausschlaggebend ist, ob wir alte Belastungen aus früheren Leben abgearbeitet, alte Schulden abgelitten oder Bindungen an negative Energiefelder abgelöst haben, sondern es ist vor allem das Maß an Liebe entscheidend, welches wir in unserer Seele tragen und das in der neuen Zeit sichtbar wird. Deshalb kann man ganz klar sagen:

*„Die Liebe ist die Antriebskraft
zur Transformation."*

Dies schließt auch die Liebe Gottes ein und die aller Engel und Lichtwesen, von welchen Planeten und Ebenen sie auch kommen mögen. Die Liebe ist die Ursache für den Zeitenwandel und die Energieerhöhung, die Liebe ist die Kraft, welche den Wandel veranlasst, und die Liebe ist das Maß, mit welchem der Mensch gemessen wird. In drei einfachen Worten ausgedrückt:

„Liebe ist Alles!"

Bemühen wir uns, das höchste Maß an Liebe in uns zu erwecken, um unsere Aura zu klären, damit die einströmenden hohen Lichtschwingungen nicht auf Blockaden und Verdichtungen stoßen, sondern den Menschen vollständig durchdringen können. Dann wird der Übergang als freudvoll empfunden, da die Liebeskraft ohne Hindernisse das ganze menschliche Wesen durchdringen kann.

3. HÜTER DER SCHWELLE

Die *Hüter der Schwelle* sind Lichtwesen, die mit großer Liebe und Sorgfalt über alles irdische und geistige Leben wachen. Sie sind verantwortlich dafür, dass auch die feinstofflichen Gesetze eingehalten werden. Sie führen und leiten alles Geschehen in dieser und in höheren Welten. Sie werten oder handeln nicht nach ihrem eigenen Ermessen, sondern sind stets an das göttliche Maß der Liebe gebunden. Niemals würden sie urteilen oder werten, sondern sie stehen dem Menschen mit all ihrer Hingabe und Liebe zur Verfügung.

Den Übergang in ein neues Zeitalter, in eine höhere Schwingung, können nur die Menschen oder Wesen erreichen, die ein bestimmtes Maß an Liebe in sich tragen und nicht mehr mit altem Karma belastet sind. Es gibt keine Falschheit mehr, und man kann sich nicht aus der Verantwortung stehlen. Alles kommt ans Licht, und wessen Liebesstrahlung nicht das erforderliche Maß erreicht, der kann dieses Mal den Weg in eine höhere Daseinsform noch nicht erlangen.

In unserem weltlichen Geschehen ist es oft möglich, sich mit Bestechung oder dem sogenannten **Vitamin B**, also mit **Beziehungen**, in eine bestimmte Firma einzukaufen, einen Arbeitsplatz zu finden oder gewisse Vorteile bei der Auftragsvergabe zu erzielen. Dies ist nicht immer von Übel, doch können dadurch Stellen an Menschen vergeben werden, die dieser Arbeit gar nicht gewachsen sind oder sie nicht wirklich anstreben. Niemand sieht zurzeit die gedanklichen und gefühlsmäßigen Hintergründe, die einen Menschen zu seinen Handlungen drängen. Sehr oft stecken lieblose Aspekte dahinter. Ein Macht- oder Besitzstreben, welches auf den äußeren Blick nicht zu erkennen ist.

Den Hütern der Schwelle kann man niemals etwas vormachen, sie erkennen den Menschen bis in die tiefsten Schichten seines Wesens. Und wer wahrhaft strebt, was sollte der verbergen wollen? Wer wirklich lieben lernen will, warum sollte der seine Schwächen noch verbergen? Sie zeigen ihm doch nur auf, dass er an bestimmten Eigenschaften noch arbeiten muss. Ein wahrhaft strebender Mensch offenbart sich vielleicht nicht allen seinen Mitmenschen, doch er steht offen zu all seinen Schwächen, denn das macht ihn wahrhaftig frei von prägenden Programmen und uralten Mustern. Man muss nicht immer gut dastehen und darf auch Schwächen zeigen. Das ist in der Liebe der Engel und auch bei entwickelten Menschen gar nicht notwendig. Liebevoll helfen sie einander, ohne Verurteilung und Bewertung, da jeder weiß, wie schwer der Weg ist und wie viel auch vor der eigenen Haustür noch aufgeräumt werden muss.

Die Hüter der Schwelle sind über Menschen erfreut, die zu ihren Schwächen stehen und sich ernsthaft bemühen, an diesen zu arbeiten. Der freie Wille öffnet durch dieses Streben alle Tore, was notwendig ist, damit die geistige Führung mithelfen kann, innere Muster aufzulösen, Bindungen an alte Felder aufzudecken und abzutragen sowie schicksalhafte Verknüpfungen an Mitmenschen zu lösen, die mit dem gleichen Problem kämpfen, aber noch nicht bereit sind, es zu lösen.

Den Hütern der Schwelle bleibt nichts verborgen; nichts bleibt unerkannt oder kann gar sein wahres Wesen verbergen. So wie in der neuen Zeit jeder negative Gedanke oder jedes ungute Gefühl in der Aura sofort für alle Menschen als dunkle Schramme oder entsprechende Form sichtbar wird, so sehen die feinstofflichen Wesen bereits jetzt den Menschen. Sie wachen sicher weder über jedes kurze negative Gefühl oder vorübergehende Schmerzen noch über spontan aufflammenden Neid oder Zorn über einen anderen Menschen. Ihnen geht es um das Wirken der Liebe, welches notwendig ist, damit der Übergang möglichst harmonisch erreicht wird. Auf der geistigen Ebene ist es bereits ziemlich eindeutig, wer den Übergang in das neue Zeitalter in seinem irdischen Körper auf diesem Planeten erreichen kann, doch sind hier dennoch mitunter noch weitere Vorbereitungen notwendig. Die Hüter helfen sogar mit, damit die geistigen Impulse den Menschen erreichen, und zögern nicht, auch eine Erkenntnis zu fördern, die der Mensch für seinen Weg noch benötigt. Natürlich geschieht dies stets in Harmonie mit dem freien Willen und dem Bewusstsein der höheren Wahrheit.

Manchmal fällt es ihnen auch schwer mitzuerleben, wie ein Mensch sich gegen seinen Weg sträubt, wie er sich weigert, den höheren Willen anzuerkennen oder noch stark an seinen alten Mustern hängt, die ihm übermitteln wollen, dass er an sie gebunden ist und ihnen dienen soll. Sie müssen erleben, wie manche Seele sich der dunklen Seite mehr zuneigt als der Möglichkeit, doch noch die Wandlung mitzuerleben. Doch sie glauben immer an die vollkommene Liebe, und in den meisten Fällen werden solche Seelen den Weg ins Licht dennoch gehen, nur eben leider etwas später. In dem großen Zeitenwandel, der vor uns liegt, ist diese Verweigerung jedoch besonders ausgeprägt und zeitigt große Auswirkungen. In den Tagen der großen Schwingungserhöhung wird der physische Körper mitgenommen, so wie auch Jesus, als Christus, diesen Weg vorausgegangen ist. Diese Erhöhung wird kollektiv erst wieder nach einer langen Zeit möglich sein.

Die meisten Menschen spüren genau, dass sich etwas Großes ereignen wird. Noch wird dieses Geschehen mit viel Negativität und vermutlich auch mit Sorge oder gar Angst betrachtet, doch ist es ein wunderbares Ereignis, getragen von höchster Liebe und unterstützt von allen Engeln, die sich schon seit langer Zeit auf diesen Übergang vorbereiten.

Man kann also sagen, dass die Hüter der Schwelle darüber wachen, dass alles nach dem Willen Gottes geschieht und getragen wird von der höchsten Ordnung. Somit ist es nicht möglich, die

Wahrheiten zu verschleiern oder gar zu unterdrücken. Absolute Ehrlichkeit, uneingeschränkte Liebe und der klare Wille zu dienen ist das Lebensziel dieser Wesen. Die höchsten Gesetze werden von ihnen durchgesetzt und vorgelebt. Es gibt keine Unklarheiten oder Verstimmungen, es gibt ausschließlich Wahrheit, Aufrichtigkeit und die Bereitschaft, Gott und dem Leben, welches er erschaffen hat, zu dienen.

Deshalb ist es nicht nötig, Furcht oder Beklemmung vor ihnen zu fühlen. Ihre Liebe zum Menschen ist so groß, dass sie ihm jede Unterstützung angedeihen lassen. Sie sind jedoch auch gerecht und aufrichtig, was für diese Arbeit unbedingt erforderlich ist. Der Mensch sollte aus vollem Herzen den Hütern der Schwelle seine Liebe bekennen und ihnen danken für ihren immerwährenden Einsatz und ihre Liebe. Möge ihre Gerechtigkeit und Liebe, gespeist aus der Kraft Gottes, weiterhin alles Leben leiten und inspirieren.

4. DIE TAGE DES ÜBERGANGS

Das Wichtigste im ablaufenden Zeitenwandel ist mit Sicherheit der persönliche und kollektive Weg der Bewusstwerdung und die Hinwendung an das Göttliche, die Durchlichtung des eigenen Wesens sowie wie das Auflösen alter Felder, die nicht auf die Liebe des Höchsten ausgerichtet sind. Spirituelle Entwicklung und das Ablösen und teilweise Auflösen dunkler Felder ist die Antriebskraft, mit der lichtvolle geistige Wesen den Menschen zurzeit begleiten.

Dennoch sind auch die Tage des Übergangs selbst ein einschneidender Prozess und werden auf viele Menschen sicherlich mit großer Wucht treffen, da diese noch nicht mit ihrem Verstand, mit ihrem Tages-Bewusstsein, darauf vorbereitet sein werden. Normalerweise vermeide ich in meinen Büchern möglichst das Einfließen persönlicher Schauungen, doch da die erhaltenen Visionen genau diese Tage des Übergangs betreffen, sollen sie in diesem Buch wiedergegeben werden. Wichtig ist allerdings das Bewusstsein, dass Visionen, welche die Zukunft betreffen, immer der Möglichkeit der Veränderung unterliegen. Deshalb sollen die folgenden Zeilen, ohne den „Unfehlbarkeits-Anspruch" auf tatsächliches Eintreffen, einfach nur dargestellt und vermittelt werden. Auch der Zeitpunkt dieser Geschehnisse sollte offen bleiben, obwohl man den Eindruck gewinnt, als würde alles dies bereits in den nächsten Jahren stattfinden können. Die Zeit scheint immer schneller vorwärts zu eilen, und die Geschehnisse überschlagen sich fast. Es sieht so aus, als dränge die geistige Führung regelrecht auf ein schnelles Aufarbeiten der persönlichen Angelegenheiten. Auch kollektive Felder gelangen an die Oberfläche des Bewusstseins der Menschen. Alles muss immer schneller betrachtet und bearbeitet werden, und eine Aktion folgt in immer kürzeren Abständen der vorigen.

Immer wieder wird von der Wintersonnenwende 2012, vom 21. Dezember 2012, gesprochen, dem Datum, welches in den Überlieferungen der Maya als das Ende der bestehenden Epoche angesehen wird. Vielleicht wird sich der Wandel um dieses Datum herum ereignen, vielleicht aber auch ein paar Jahre später – oder wann auch immer. Wissen kann es nur Einer. Seiner Weisheit können wir vertrauen und unser Wesen seiner Liebe übergeben.

Gerne möchte ich einige Visionen mit Ihnen teilen, welche direkt die Tage des Übergangs betreffen. Auch wenn die folgenden Darstellungen sich auf kurze Ereignisse beschränken, so war doch klar, dass sich das Einströmen dieser gewaltigen Lichtenergie über einen Zeitraum von drei bis höchsten fünf Tagen erstreckte, in dem sich die große Wandlung vollzog:

Menschen standen auf der Straße, als plötzlich eine gewaltige Unruhe um sich griff. Es hatten sich zuvor bereits einige weltliche Ereignisse abgespielt, die Verwirrung ausgelöst hatten, und viele Menschen versuchten, ihr Vertrauen auf Gott zu richten. Alle spürten, dass sich in diesen Momenten etwas ereignete, was alle Grenzen überstieg und in dieser Form noch nie da gewesen war. Es wurde im Inneren empfunden und im Äußeren gesehen. Eine gewaltige Lichtwelle zog sich über den gesamten Planeten, so als würde eine gewaltige, meterhohe Tsunami-Welle die Küste überfluten. Reinstes Licht strömte ein und berührte die Herzen aller Menschen und alles Leben auf dem Planeten. Diese Lichtwelle bestand aus weiß-silbernem Licht mit einigen kleinen goldenen Elementen darin und zog sich, auch für das physische Auge wahrnehmbar, langsam aber stetig über den ganzen Planeten.

Im gleichen Moment wurde für alle Menschen die feinstoffliche Wahrnehmung offenbar. Ihre Chakras öffneten sich, dehnten sich aus, veränderten ihre Form und erstrahlten in intensivem Licht. Allen Menschen wurde durch dieses Licht, je nach dem Grad ihrer Bewusstheit, die hellsichtige Wahrnehmung geöffnet; und es wurde ihnen eine Wahrheit offenbar, wie sie bisher nur wenigen Menschen gegeben war. Die gesamte Aura jedes Menschen und die der Umgebung war nun für alle sichtbar. Wurde ein negativer Gedanke gedacht oder ein ungutes, liebloses Gefühl empfunden, war dies sofort allen sichtbar, da es sich wie eine dunkle Verzerrung mit abstoßenden Formen in der Aura zeigte. Doch nicht nur die aktuellen Empfindungen und Gedanken wurden offenbar, sondern es wurde allen Menschen deutlich, welche Gesinnung bisher im Leben des Menschen vorherrschte und in welcher Art und Weise sein Wesen geprägt war. Hier zeigten sich ganz unterschiedliche Facetten. Die einen wiesen in ihrer Aura noch nicht jene Klarheit und Reinheit auf, die bei anderen schon gesehen werden konnte. Erstere führten noch kleine Verdunkelungen, Verzerrungen in den unterschiedlichsten Formen und kleine Einrisse mit sich. In der Aura von anderen Menschen konnte man nur eine kleine Verdichtung entdecken, alles andere war von wunderschönen Pastell-Farben sowie von Gold und Silber durchzogen. Es sah wunderschön aus.

Es kam zu sehr schmerzlichen Erfahrungen, wenn Menschen, die von der plötzlichen Offenlegung ihres Wesens völlig überrascht waren, unmittelbar erkennen mussten, in welcher dunklen Strahlung sie sich noch befanden. Ihre Aura wirkte klebrig, wie dunkler Schleim, düster, ohne Lichtfunken, und selbst der Aura-Rand war wie von Geschwüren übersät. Plötzlich begriffen sie, dass es das Bild ihres eigenen Wesens darstellte! Die Aura zeigte deutlich auf, von welcher Gesinnung sie waren und wie lieblos sich ihr bisheriges Leben gestaltet hatte. Extrem beschämt durch die plötzliche Offenbarung und Erkenntnis entschieden sie sich in der gleichen Minute, ihre Körper zu verlassen. Diese sanken zu Boden, und die Wesen verließen ihren Leib. Trotz der Dunkelheit und dem Mangel an Liebe dieser beiden Seelen sahen die Menschen, die das Geschehen wahrnahmen, dass sofort jedem der Betroffenen ein geistiger Helfer zur Seite stand, welcher die Seelen in ihre neuen Lebenswelten führte, in denen sie bereuen und den Weg in die Liebe einschlagen konnten. Alle vermochten durch die neu erlangte

Hellsichtigkeit genau zu sehen, wie die helfenden Geistwesen, die sie als leicht durchsichtig wahrnahmen, in großer Fürsorge die Seelen begleiteten. Die Helfer winkten den „Zurückgebliebenen" zu, welche zum einen erschüttert, zum anderen beglückt waren, dass sie die geistigen Helfer sehen und erleben durften. Sie strahlten eine Liebe aus, die das Innere berührte, und man konnte die Kraft Gottes in ihrer Aufgabe wahrnehmen.

Wieder andere Menschen hatten sich nicht selbst entschieden, ihre Körper zu verlassen. Es wurde aber sehr schnell deutlich, dass sich innerhalb der neuen Schwingung nur die Menschen weiter aufhalten konnten, welche ein bestimmtes Maß an Liebe in sich trugen. Die große „Lichtwelle" war wie ein „geistiger Scanner", der entschied, welcher Mensch als „würdig" eingestuft wurde und welcher nicht. Man darf nicht vergessen, dass jeder Mensch für das Maß an Liebe und seine Sehnsucht nach Gott immer selbst verantwortlich ist. Verharrt ein Mensch in Machtgier, will nicht vergeben oder ist neidvoll und hasserfüllt, ist das seine eigene Entscheidung – er muss jedoch die Konsequenzen dafür tragen. Die entscheidende „Maßeinheit" war die Liebe, die es nur den Menschen ermöglichte, in der neuen Liebesschwingung zu leben, welche sich bereits zur Liebe gewandt hatten.

Wieder andere Menschen waren komplett apathisch oder vielleicht sogar von der geistigen Führung eingehüllt, um nicht von den Ereignissen zu stark verwirrt zu werden. Andere wiederum erweckten den Eindruck, dass sie nur darauf gewartet hatten, dieses Geschehen zu verfolgen, obwohl sie selbst nicht den Schritt in das neue Lichtreich gehen konnten. Wenngleich sich in einer relativ kurzen Zeit gewaltige Veränderungen ereigneten, erschien das ganze Geschehen perfekt organisiert und behütet.

Jene Menschen, die sich das erforderliche Maß an Liebe bereits erarbeitet hatten, erlebten eine globale Erneuerung in unvorstellbarem Ausmaß. Sie fühlten sich trotz der Vielzahl an dramatischen

Ereignissen dennoch geborgen, da sie die zahllosen geistigen Wesen wahrnehmen konnten, die sie bislang nur auf Gemälden oder in ihren Gedanken gesehen hatten. Sie fühlten sich von großer Liebe getragen, auch wenn sie selbst noch eine leichte Unsicherheit in ihrer neu gewonnen Wahrnehmung verspürten.

Als sie sich umsahen, konnten sie Menschen in ganz unterschiedlichen „Strahlungen" erkennen. Die einen hatten gerade eben noch den Übergang geschafft, andere wiederum leuchteten in einem Lichterglanz. Einige sahen in ihrer Aura noch Verdunkelungen und Anhaftungen, in anderen wiederum war kaum noch etwas Dunkles zu erkennen. Es gab einige Menschen, die in ihrer Aura ein starkes Strahlen aufwiesen, da diese größer, runder und von so großer Schönheit war, dass die anderen Menschen deutlich die Kraft der Liebe und die Nähe zu Gott in diesen Erwachten fühlten. Sie wussten sofort, dass dies jene Menschen waren, welche die neuen „Anführer" sein würden, spirituelle Lehrer, ohne über anderen stehen zu wollen. Das Maß der Liebe erwählte sie und nicht irgendwelche weltlichen Ränge oder Stellungen.

So fragten einige der Menschen, die in ihrer Aura noch einige Verdunkelungen sahen, in ihrer anfänglichen Verwirrung, warum die anderen denn so stark strahlten und sie nicht. Sie hatten in ihrem Leben noch nichts gehört von einer Aura und wussten nichts von spirituellen Gesetzen. Sie hatten ihr Leben zwar liebevoll gelebt und stets das Gute gesucht, dennoch waren sie von den plötzlichen Wahrnehmungen und Vorgängen völlig überfordert. Die restlichen Ablagerungen in ihrer Aura ließen die Wahrnehmungen und Erkenntnisse der Geschehnisse noch nicht vollständig zu. Sie fragten einen der leuchtendsten Menschen, was denn das Ganze zu bedeuten hätte, und dieser erklärte ihnen, dass die jetzt sichtbaren Verdickungen und Verdunkelungen in ihrer Aura nichts anderes seien als unverarbeitete Reste von negativen Gedanken und Emotionen, welche in ihrem Leben noch nicht auf die Liebe ausgerichtet waren. Hier hätten sie noch an sich zu arbeiten, um diese Schatten aufzulösen und die Hinwendung an geistige Werte zu fördern. Er würde ihnen gerne helfen, und mit der Liebe Gottes könnten diese dunklen Schatten in ihrer Aura bald durchlichtet werden. Das beruhigte die Menschen, und sie fühlten sich geborgen und behütet.

Der Übergang in das „Zeitalter des Lichtes" bedeutet nicht, dass alle Menschen gleichzeitig komplett erleuchtet werden! Es gibt natürlich nach wie vor unterschiedliche Entwicklungsstadien, doch liegen diese wesentlich enger zusammen. Alle Menschen sind grundsätzlich auf die Liebe ausgerichtet, und wenn sie sich helfen lassen, kann im gemeinsamen Streben die Auflösung ihrer „Schattenseiten" eingeleitet werden. Nicht mit Verurteilungen, sondern in großer Liebe werden die Menschen zukünftig gemeinsam an ihrem Charakter arbeiten und sich auch nicht schämen müssen, wenn ein dunklerer Zug auftaucht. Es ist im Gegenteil gewünscht, alles in sich zu betrachten und in Liebe zu wandeln.

Es gibt allerdings eine große Neuerung in der Art der Auflösung. Es werden nicht mehr von außen, durch das Gesetz der Resonanz oder die Richtlinien der Karma-Auflösung, bisher meist unbewusste Reaktionen ausgelöst, sondern das eigene Streben ist ein ausreichender Ansporn. Es wird keine dunkle Seite, keine dunklen Mächte und keine unsichtbaren Manipulationen, Lügen oder sonstige Prozesse mehr geben, welche unbewusste Wesenszüge zur Auflösung bringen. Alles ist offenbar und die Schwingung so hoch, dass es zum einen des Resonanz-Impulses durch die dunkle Seite nicht mehr bedarf und zum anderen das Streben so groß ist, dass automatisch im Zuge der Durchlichtung und Nächstenliebe die bestehenden Restlasten aufgelöst werden. Altes Karma in der bisherigen Form wird nach dem Übergang ohnehin komplett gelöscht sein.

Im weiteren Verlauf der Zukunfts-Vision sah man deutlich, dass einige der am stärksten strahlenden Menschen in der Lage waren, materielle Dinge nach ihren Wünschen (immer im Einklang mit dem Willen Gottes) zu verändern oder zu formen. Sie konnten auch Materie in ihrer atomaren Struktur auflösen. Das taten sie unter anderem mit den verlassenen Körpern und verschiedenen anderen Dingen. Auf die Frage, wohin denn all das Gift, Düngemittel, Viren, Atommüll und vieles mehr hinkommen würde, lautete die Antwort: In der starken Durchlichtung dieser Erde, die dem Menschen von Gott gegeben werde, könnten nur die atomaren Strukturen bestehen bleiben, welche in der Liebe Gottes zusammengefügt seien. Das kann die Natur selber sein oder auch von Menschen in Liebe Aufgebautes, welches nun ebenfalls in eine höhere Liebe eingegliedert wird.

Alles, was sich nicht in der Liebe Gottes befindet,
wird automatisch aufgelöst
und kann nicht mehr bestehen bleiben.

Selbst Prothesen im menschlichen Körper, wenn sie in Liebe angenommen worden sind, wurden von den höheren Lichtformen durchstrahlt und blieben bestehen, auch wenn sie als „künstlich" eingestuft werden können.

Ebenso deutlich konnte man sehen, dass die einstrahlende Lichtwelle alle Verdunkelungen, welche sich wie Wolkengebilde im Luftraum befanden, vollkommen auflösten. Es war eine Klarheit spürbar und eine Reinheit, wie man es sich kaum vorzustellen vermag. Alle kollektiven Felder, welche bislang ganze Städte und Kontinente überzogen hatten, wurden aufgelöst und alle karmischen Reste gelöscht. Die Stärke dieser Lichtkraft war unvorstellbar, sie erfüllte alles und löste jegliche Verdunkelung auf.

Trotz aller Liebe, die den Menschen in dieser Zeit des Übergangs umgab, und trotz der Hilfe all jener Wesen, die auf der geistigen Ebene sicht- und fühlbar zu Hilfe kamen, entstand für viele Menschen natürlich eine anfängliche Verwirrung. Dabei konnte man deutlich sehen, dass die Menschen, die sich zuvor mit der Zeit des Übergangs befasst hatten, ihren Mitmenschen unterstützend beistehen konnten und ihnen eine große Hilfe waren. Mit großer Hingabe und Liebe kümmerten sich viele Menschen um ihre Umgebung und erklärten, so gut sie es vermochten, die dramatischen Umwälzungen.

Es ist wichtig zu wissen, dass der Mensch auch nach dem Eintritt in eine höhere Schwingung nicht sofort automatisch alles weiß oder vollkommen erleuchtet ist. Es wird ihm zwar ein größeres geistiges Wissen offenbar, dennoch muss er sein Bewusstsein weiter schulen und sich weiter öffnen – für noch höhere Schwingungen. Er lebt zwar fortan in einem durchlichteten Körper, wie auch die ganze Erde in eine höhere Schwingung eingetreten ist, dennoch ist dies nur ein Schritt nach Hause in das Reich Gottes, zwar ein wichtiger und großer Schritt, aber noch nicht die Vollkommenheit. Dennoch ist es ein erster Schritt in die Glückseligkeit. Die Menschen erleben in unfassbarer Art und Weise, wie jeder Einzelne in Liebe mit seinen Mitmenschen zusammenleben kann. Kein Aufpassen ist mehr erforderlich, dass man belogen oder verraten wird. Es existiert eine reine Nächstenliebe, da die Menschen, die noch nicht in dieser Liebe leben, den Zeitenwandel nicht mitmachen können. Sie lernen an anderen Orten weiter. In Gottes Haus gibt es viele Wohnungen, und dort können sie früher oder später den Schritt in die Feinstofflichkeit vollziehen. Keine Seele ist verloren, außer sie will es selbst so, indem sie sich ausschließlich auf die dunkle Seite stellt. Ein anderer Planet wird die bisherige Aufgabe der Erde übernehmen und als Ort der Erkenntnis dienen.

Überall war eine lichtvolle Aufbruchsstimmung zu fühlen, die intensiv das Herz bewegte und Schauer durch den nunmehr durchlichteten Körper trieb. Alle fühlten, dass es jetzt eine Menge Arbeit gab beim Aufbau einer neuen Ordnung; aber alle wussten, dass sie stets die lichtvollsten Führer an ihrer Seite hatten und Gottes Reich mit all seinen Engeln und Lichtwesen ein Stück näher gerückt war. Ganz offen konnten sich nun auch Wesen zeigen, die mit ihrer außergewöhnlichen Technologie den Menschen zu Hilfe kamen. Ein liebevolles Miteinander, in großem gegenseitigen Respekt, stellte sich ein, und alle fühlten, dass sie endlich die Wahrheit erblicken konnten.

5. ALTE SEELEN – JUNGE SEELEN

Die Unterscheidung zwischen „alten Seelen" und „jungen Seelen" soll sich in diesem Buch darauf beziehen, wie lange eine Seele bereits den Entwicklungsweg zur Liebe auf diesem Planeten gegangen ist. In der Einleitung haben wir bereits in groben Zügen aufgelistet, welche Arten von Seelen (Lichtwesen oder Entwicklungswesen) sich zurzeit auf dem Planeten befinden. Mit der Unterscheidung von *alt* und *jung* sollen hier die Menschen gemeint sein, die sich entweder gerade im Laufe der gegenwärtigen Entwicklungsepoche hinzugesellt haben, bereits vor einiger Zeit in die Erdentwicklung eingetreten sind oder sich schon von Anfang an auf dieser Entwicklungsschiene befunden haben. Sie waren an dem so genannten „Fall" beteiligt und sind in den niederen astralen Ebenen aufgefangen worden. Durch die Inkarnationen auf der Erde ist es ihnen möglich, sich wieder ihrer Lichtheimat zu nähern. Genau genommen kann es den Begriff *junge Seelen* und *alte Seelen* gar nicht geben, da vermutlich alle zur gleichen Zeit erschaffen wurden. Jedoch kann der Beginn ihres Heim-Weges oder das Eintreten in die Inkarnationslinie als eine Art von *Altersbegrenzung* genommen werden. So kann ein Lichtwesen, welches sich für einen Erdengang entschieden hat, in seiner ersten Verwirrung über die gewaltigen Emotionen in einem Erdenkörper genauso verwirrt erscheinen wie ein Neueinsteiger aus der „gefallenen Linie". Mit *alt* und *jung* soll hier daher ausschließlich der Beginn der direkten Heimkehr-Entwicklung der Menschenseelen bezeichnet werden.

Alte Seelen sind vor allem die Seelen, die sich bereits von Beginn unserer Zeitlinie an, die sich nun dem Ende nähert, auf diesem Planeten inkarniert haben. Mitunter durchlebten sie einige Inkarnationen auf anderen Planeten, jedoch war das Augenmerk, ihre

Hauptentwicklung, auf die Erde gerichtet. In welcher Form sich der Anfang dieser Entwicklung ereignet hat, mag uns fremd und sehr weit weg erscheinen, doch wenn wir das alte Atlantis nehmen, nähern wir uns bereits wieder bekannteren Gefilden. Diese Seelen haben sich von Anfang an ihrer Rückkehr verschrieben, und die meisten von ihnen werden auch den Schritt in die kommende höhere Entwicklungsstufe mit ihren Körpern erleben. Auch wenn sie gegenwärtig noch Altlasten aus früheren Leben verarbeiten und es von außen vielleicht so aussehen mag, als wären sie in ihrer Liebesfähigkeit und geistigen Ausstrahlung noch nicht sehr weit entwickelt, werden sie dennoch erhöht, da sie die letzten Seelenschatten, welche sie vielleicht noch für kurze Zeit in eine dunkle Wolke hüllen, in kürze verarbeiten haben werden.

Dieser Entwicklungsprozess zog sich über einen längeren Zeitrahmen hin, und viele dieser alten Seelen sind zurzeit inkarniert. Doch auch die Seelen, die uns schon vorausgegangen sind, sich in der Liebe und im Licht befinden, werden alle weiter erhöht und in ihren Seelen der Göttlichen Energie noch näher gebracht, unabhängig davon, ob sie inkarniert sind oder nicht. Der kommende Entwicklungsschritt wird weit in die feinstofflichen Ebenen hineinreichen und viele Wesen erhöhen. Aus diesem Grund befinden sich alle Seelen, alle mitwirkenden Engel und zahlreiche weitere Wesen, die sich auf dem Weg zum Licht befinden, in einem Zustand der Wachsamkeit. Es ist ein allgemeines Gefühl der Aufmerksamkeit, mitunter sogar der Aufregung zu spüren, welche teilweise auch von Menschen wahrgenommen wird, die sich mit dieser Thematik oder den spirituellen Themen gar nicht beschäftigen. Immer wieder hört man, dass auch sehr materiell eingestellte Menschen eine tiefgreifende Veränderung erwarten, die sie in ihrer Tragweite nicht einschätzen können. Doch ihre Seelen wissen in ihrem Inneren Bescheid und werden nach Möglichkeit ihre inkarnierten Persönlichkeiten gezielt führen und ihnen einen weiteren feinstofflichen Helfer zur Seite stellen, damit sie sich auf die kommende Lichtenergie ausrichten können.

Leider machen sich dunkle Wesen und lieblose Menschen dieses Gefühl zunutze, indem sie die Angst schüren und mit allerlei List und Tücke die Verwirrung ausnutzen, um Seelenenergien abzuziehen oder Menschen zu Handlungen zu veranlassen, die der dunklen Seite dienen. Sie verbreiten Angst und Schrecken und laben sich an den Emotionen, die dadurch entstehen. Wie wir durch die Quantenphysik erfahren haben, wird durch das Bewusstsein und die entsprechende Aufmerksamkeit des Menschen das Lebensgefüge gelenkt, und wenn viele Menschen Katastrophen erwarten, kann es sein, dass diese auch verstärkt eintreffen, sehr zur Freude der niederen Wesen.

Wir können nicht davon ausgehen, dass eine solche große und globale Veränderung ohne einschneidende Auswirkungen einhergehen kann, doch darf man versichert sein, dass alle diese Schritte aus Liebe geschehen, um den Menschen „heim" zu holen und die nächste Entwicklungsebene auf das Licht der Liebe und die geistige Klarheit auszurichten. Eine Weile wird diese nächste Entwicklungsebene ohne den großen Einfluss der dunklen Mächte sein, was den Menschen eine intensive Nähe zur Lichtwelt ermöglicht und die geistige Wahrnehmung stark erhöht.

Gleichzeitig wird sich eine neue „Erdenwelt" entwickeln, in der es der dunklen Seite wieder gestattet ist, sich auszuleben, da eine Erkenntnis nicht ohne das Wirken dieser dunklen Kräfte möglich ist. Wie sonst sollte altes Karma abgelitten werden, wenn es nicht wieder jemanden gibt, der Leid auslöst und somit das Schmelzen der so genannten alten Lasten und „Schulden" ermöglicht. Wie sonst sollte es möglich sein, Macht und Habgier auszuleben und dadurch geistige Gesetze zu erkennen, wenn es nicht eine „Erdenschule" gäbe, die es ermöglicht, die niederen Aspekte des Daseins auszudrücken, ohne das Wissen um die Existenz Gottes? Wie sollte man etwa erkennen, wie schmerzlich es ist, wenn man nicht geliebt wird oder Liebe einfordert, ohne zu geben? Wo sonst sollte man erfahren, wie schwer es ist, Gewalt zu erleiden, beraubt oder verachtet zu werden? Es fällt manchmal sehr schwer anzuerkennen, dass die noch dunkle Seite im Grunde dem Licht dient. Sie kann die Dinge zur Klärung bringen, indem sie negative Auswirkungen auslöst, um somit dem Menschen, der in früheren Leben das Gleiche gelebt hat, die Erfahrung zu vermitteln, wie dieses Vorgehen auf den Menschen wirkt. In einer gewissen Entwicklungsphase ist es nur möglich, über Schmerz und Leid zu lernen – und zwar über die direkte Erfahrung. Deshalb sollten wir eigentlich den Menschen dankbar sein, die es uns erlauben, unsere Altlasten abzutragen, indem diese sich ja selbst wiederum Karma aufladen, obwohl unseres dadurch aufgelöst wird. Ein tieferes Nachdenken über diesen Prozess erhellt, warum Jesus und andere Göttliche Botschafter die LIEBE ins Zentrum ihrer Verkündigung stellten.

In der kommenden Zeit des Lichtes wird es die karmischen Auswirkungen nicht mehr geben. Alle Menschen, die den Schritt zur Liebe gehen können, haben die Phase des Karma-Lösens durchlaufen und müssen nicht mehr auf diese Art und Weise in ihrer Entwicklung vorangebracht oder aufgeweckt werden. Sie sind nicht mehr lau oder träge, sondern sie streben mit offenem Herzen weiter auf ihrem Weg zu Gott. Der Weg ist deshalb noch lange nicht zu Ende, jedoch wird es ein bewussterer Weg, ein Weg in größerem Einklang mit den geistigen Wesen und den Engeln, die uns stets begleiten und behüten. Der Mensch nimmt das feinstoffliche Geschehen viel deutlicher wahr, und die Kommunikation mit Seelen in anderen Entwicklungsebenen wird klar und liebevoll sein.

Als *junge Seelen* bezeichnen wir die Seelen, die nicht von Anfang an in der Erden-Evolution dabei gewesen sind und sich somit nicht dieses Maß an Erkenntnis und Liebe erarbeiten konnten wie die *alten Seelen*. Dennoch sind auch unter ihnen Seelen, die durch ihr starkes Streben und das zügige Erreichen der inneren Liebe große Fortschritte gemacht haben und den kommenden Schritt in die höhere Ebene mit vollziehen können. Sie sind teilweise in den Zeiten des antiken Griechenland oder der ägyptischen Hochkultur in diesen Entwicklungszyklus eingestiegen und haben sich bis heute zügig weiterentwickelt.

In unserer Zeit gibt es noch immer Seelen, die sich das erste Mal auf der Erde inkarnieren. Nicht selten werden die Länder, in denen sie das erste Mal einen Erdenkörper erhalten, auch als „Entwicklungsländer" bezeichnet. Afrika, als Wiege der Menschheit, dient häufig als Einlasstor für diese Seelen. Hier ist trotz des scheinbaren Bedarfs an weltlichem Fortschritt und westlicher „Zivilisation" die Anwesenheit von helfenden Lichtengeln sehr stark: Denn wo viel Schatten ist, ist auch das Licht intensiv vorhanden. Weltlich betrachtet, ist die Sonne dort sehr stark, hingegen ist sie in der westlichen Welt eher gemäßigt bis kühl. Alles hat seine Entsprechung und ist aus geistiger Sicht wohl durchdacht und organisiert. Wenn man die Hintergründe näher beleuchtet, weckt diese Wahrnehmung immer das Gefühl von Demut und tiefer Achtung vor dem Wirken der Geistigen Welt im Dienste Gottes.

Man kann allerdings nicht davon ausgehen, dass viele junge Seelen den Schritt in die nächste Ebene so einfach erreichen können wie jene Seelen, die sich bereits seit langen Zeiten um ihre Entwicklung bemühen und die Nähe Gottes suchen. Das ist auch gar nicht vorgesehen, denn sie lernen durch das Erleben anderer und fühlen sich auf der Seelenebene getragen, im Wissen und voll innerer Dankbarkeit dafür, dass auch ihnen eines Tages das Tor in die geistige Heimat offen steht, so wie es Jesus Christus vorgelebt hat und wie viele der jetzigen Menschen und Wesen es bald durchschreiten können. Jeder inkarnierten Seele, die den Übertritt in das neue Zeitalter nicht gehen kann, steht auf der geistigen Ebene ein Lichtengel zur Seite, der ihr hilft, ihren weiteren Weg zu finden und ihr Anleitungen und Liebe vermittelt, die sie benötigt, um sich nicht verloren zu fühlen, sondern stets getragen im großen Göttlichen Lebensplan.

Je mehr man die intensive Liebe erahnt, die hinter all dem kommenden Geschehen wirkt, desto mehr wird man von Ehrfurcht erfasst und wird gewahr, dass die Liebe Gottes immer in unserem Leben wirkt, egal wie sich das Geschehen zurzeit in der Erdenwelt auch anfühlt oder zeigt. Der Ruf „Nach Hause" ist unaufhörlich wirksam und erfüllt die Seelen aller Wesen. Das ist die beglückende Botschaft, die das kommende Geschehen prägt und uns mit Demut erfüllt. Dann schwingen die Herzen im Einklang, und das Fühlen, dass man niemals allein ist, auch wenn die düsteren Herren der Welt uns dies vorzugaukeln versuchen, wird immer mehr zur täglichen Gewissheit.

Die dunkle Seite versucht mit allen Kräften, das Gefühl von Einsamkeit zu schüren, indem es auch durch Äußerlichkeiten versucht, den Menschen auf der lieblosen Seite zu halten. Doch darf man sich gewiss sein und sollte sich dies auch täglich vergegenwärtigen, dass die Liebe Gottes und der Engel immer mit uns ist. Mögen die Emotionen und niederen Gefühle der Mitmenschen uns auch manchmal in Trauer versinken lassen, so sollten wir dennoch nie vergessen, wie unverbrüchlich die Liebe des Höchsten für uns ist und wie zielgerichtet alles Geschehen unserem Wohl und unserer Entwicklung dient.

6. MÄNNLICH – WEIBLICH

Die Spaltung von männlich und weiblich scheint es in den höheren Ebenen gar nicht mehr zu geben. Dort sind in den Seelen, Wesen und Engeln alle Aspekte, welche die einzelnen Bereiche irdisch ausdrücken, in vollendeter Form vereint. Auch wird in den geistigen Ebenen eine Fortpflanzung wie auf Erden nicht mehr benötigt, da die Seelen ja durchweg von Gott erschaffen sind und feinstofflich existieren. Nur in der körperlichen Welt benötigen sie immer wieder einen neuen Körper. Würde der Nachschub an Körpern in der irdischen Welt aufhören, könnten keine Seelen mehr inkarnieren und in einem Körper lernen. Die materielle Welt ist abhängig von der Fortpflanzung und somit von der sexuellen Vereinigung, welche nicht nur das Fortbestehen der Menschheit sicherstellt, sondern auch einen körperlichen Ausdruck von Liebe darstellen kann.

In einem Körper sind die verschiedenen Aspekte von männlich und weiblich getrennt vorhanden. Ein weiblicher Körper trägt ca. 70% weibliche und 30% männliche Anteile in sich, ein männlicher 70% männliche und 30% weibliche, gepaart von einem großen Sog durch die sexuelle Energie, damit die Menschen, deren irdischer Ausdruck meist von Apathie und Interesselosigkeit geprägt wäre, durch diesen Sog angeregt werden. Durch die Vereinigung kann der Mensch bereits einen Hauch dessen spüren, was ihn im Geistigen erwarten wird, wenn die verschiedenen Aspekte in der Liebe Gottes vereint sind. Das hat dann gar nichts mehr mit körperlicher Vereinigung zu tun, sondern ist ausschließlich Ausdruck einer höheren Ganzheit. Männlich und Weiblich muss sich gegenseitig auch geistig befruchten, damit diese Anregung durch die Präsenz von zuerst sexueller, dann höherer Energie erreicht wird.

Genauso ist es mit dem Hunger. Körper müssen ernährt werden, und der Drang zum Überleben, der den Menschenkörpern eingeprägt wurde, veranlasst diese, den Hunger zu stillen. Dadurch wird der Mensch zur Aktivität angeregt. Er muss seinen Verstand und seinen Intellekt aktivieren, damit er überleben kann. Dies regt die geistige Aktivität an und zeigt dem Menschen gleichzeitig auf, in welches Dilemma er sich selbst gebracht hat, als er das Lichtreich durch den Fall verlor und in der Folge für sein Überleben selbst verantwortlich war.

Leider hat sich auf der irdischen Ebene durch das Kämpfen nach Lebensmitteln, Liebe und Gemeinschaft in vielen Menschen die Wahrnehmung verfestigt, dass man stets kämpfen muss, um zu überleben und Gott einem ohnehin nicht hilft, wenn man nicht selbst eingreift. Diese Härte war in der vergangenen Entwicklungsepoche mitunter durchaus richtig und sinnvoll, denn die Kräfte des Eigenwillens mussten geweckt werden, doch immer mehr und intensiver sollte sich der Mensch in der Gegenwart auf das Eingreifen und auf die Mithilfe aus der Geistigen Welt verlassen und immer mehr den Einfluss des Eigenwillens unterbinden. Dies muss gelernt und das Vertrauen gefestigt werden. Das erweist sich nicht immer als einfach, da in der Erinnerung des Menschen der Kampf noch intensiv gespeichert ist. Doch sollte dieses Bemühen Priorität einnehmen, da jegliches Wirken aus dem Eigenwillen immer mehr untersagt wird und nur noch das bestehen bleiben kann, was sich im Einklang mit dem Willen des Höchsten befindet und somit vollkommen aus der geistigen Welt getragen wird.

Männlich und Weiblich sind auf der irdischen Entwicklungsebene in grundlegende Bereiche getrennt. Das Weibliche wird als behütend, versorgend, weich, familiär, intuitiv, spirituell, dem Höheren zugeneigt, mütterlich und nachgiebig in seiner positiven Seite eingestuft, im Gegenzug dazu als nachtragend, schwätzerisch, heimtückisch und auch listenreich tötend. Das männliche als versorgend, zusammenhaltend, ehrlich und aufrichtig, kämpferisch für den Erhalt von Familie und Volk, stark und Halt gebend sowie auf der negativen Seite machtbesessen, eroberungssüchtig, aggressiv, niederträchtig, unterdrückend und rechthaberisch. Alle diese Aspekte sind auch in den Genen von Generation zu Generation weitergegeben worden. Doch es sind nur Aspekte, nichts weiter. Lernimpulse und Aufgaben, die es in der Seele zu bewältigen gilt. Nichts ist besser oder schlechter, alles ist auf dem Weg und sollte in seiner harmonischen Form dem Göttlichen übergeben werden.

In der jetzigen Zeit des Übergangs wird der Mensch immer wieder in Situationen geführt, die es ihm ermöglichen, alle Aspekte, die noch zu stark im Weiblichen oder im Männlichen festsitzen, zu harmonisieren. Sein Augenmerk wird immer wieder in Bereiche gelenkt, die sich noch nicht ganzheitlich ausgerichtet haben, was bedeutet, dass sie in der „Waagschale des Seins" noch zu stark in den verschiedenen Aspekten festhängen. Hier ist es wichtig, sich bewusst zu machen, dass der Mensch in seinen verschiedenen Inkarnationen immer wieder als Mann und als Frau verkörpert wird. Dieser Wechsel dient dazu, die weiblichen und männlichen Aspekte im Körper zu erkennen sowie die geistigen Bereiche zu harmonisieren. Ist noch ein Ungleichgewicht vorhanden, wird die geistige Führung und die Seele aus den höheren Ebenen stets versuchen, hier Ordnung und Gleichgewicht zu schaffen.

Nichts ist schlecht, nichts ist von Übel! Es geht ausschließlich um das Erkennen und Harmonisieren von Gegensätzlichkeiten. Jeder Aspekt, ob weiblich oder männlich, ist von absoluter Wichtigkeit für die Entwicklung eines Menschen. Wird sie auch zunächst, am Anfang der Entwicklung, von niederen Emotionen geprägt, wie etwa Aggression, so wird sie sich im weiteren Verlauf in Wahrhaftigkeit und starke Präsenz für das Göttliche umwandeln. Unterdrückung wird dann zu starker Hingabe und Opfermut für das Höhere transformiert, denn jede Entwicklung ist auf das Göttliche ausgerichtet. Zu Anfang sind alle Prozesse meist noch mit niederen Emotionen belegt, doch im weiteren Verlauf richten sie sich an höheren Gesetzen aus und werden fortan von den geistigen Mächten getragen und inspiriert.

In der kommenden Zeit – nach dem Übergang – sind diese Aspekte im Menschen bereits weitgehend harmonisiert, was es ihm erlaubt, die positiven Seiten des Männlichen und Weiblichen zu nutzen und weiter auszuprägen. Gleichzeitig unterbleibt es, dass dominante Tendenzen oder die Suche nach bestimmten gegengeschlechtlichen Aspekten den Menschen quälen, da sie bereits verinnerlicht und harmonisiert sind.

Sind im Menschen noch bestimmte Unklarheiten oder ein Ungleichgewicht vorhanden, werden sie von der Geistigen Welt vor dem Übergang in das neue Zeitalter ins Alltagsbewusstsein gebracht, damit sie erkannt und verwandelt werden können. Dies ist ein Zeichen von Liebe, auch wenn es von der Persönlichkeit in ihrem Alltag als anstrengend und überfordernd eingestuft wird. Es ist sehr wichtig, sich immer wieder bewusst zu machen, dass hinter allen Anforderungen, und mögen sie auch noch so schwer und anstrengend erscheinen, immer der Aspekt von Liebe steht sowie das Bemühen der eigenen Seele und der geistigen Helfer, denen sehr am Herzen liegt, dass der Mensch sich weiterentwickelt und den Sprung in das neue Dasein auch schafft.

Auf der Erde kann man zurzeit nahezu überall erleben, dass viele Frauen männliche Aspekte leben oder sich in Berufen bewähren, die eigentlich „männlich" geprägt sind, ebenso sieht man Männer, die sich in der Versorgung der Kinder wiederfinden, da sie diesen Aspekt der Weiblichkeit weiter ausbilden möchten. Alles ist wichtig und richtig, wenn es auf dem Weg zum Höchsten gelebt wird. So kann man inzwischen Männer beobachten, die einen hohen Grad an „weiblicher" Intuition erreicht haben, so wie man auch Frauen antrifft, die ihren Alltagskampf in der harten Geschäftswelt mit Erfolg meistern. Wichtig ist dabei nur, dass nicht erneut ein Abdriften in die Teilung stattfindet, sondern alle Lebenssituationen als Ausgleich und Harmonisierung dienen. Darauf sollte besonders geachtet werden. Harmonie ist angesagt, nicht ein erneutes Trennen der Aspekte.

Die nachstehenden Worte können in einer Meditation oder einer stillen Andacht die Harmonisierung von männlichen und weiblichen Anteilen fördern:

Höchste Weisheit und vollendete Liebe,

mit großer Hingabe legen wir unser Inneres in Deine Hände. Wir bitten Dich von ganzem Herzen um Harmonisierung unserer männlichen und weiblichen Aspekte und werden unser Augenmerk auf die Hinweise Deiner Führung lenken und sie dankbar annehmen und bearbeiten.

Bitte durchdringe uns mit den Wogen Deiner Liebe und erfasse alle Fasern unseres Wesens mit Weisheit und Erkenntnis. Unser Herz sehnt sich nach Vollendung, und wir vertrauen Deiner Führung. Von Herzen danken wir Dir und überlassen uns Deinem Segen.

7. DIE DUNKLE SEITE

Da dieser Begriff sehr häufig und unterschiedlich angewendet wird, erscheint es sinnvoll, hier kurz zu erläutern, wie die „dunkle Seite" in diesem Buch betrachtet wird. Es ist ganz offensichtlich, dass der Zugriff von äußerst lieblosen Wesen und auch dämonenhaften Lebensformen auf diesem Planeten immer intensiver wird. Wir wollen uns in diesem Buch jedoch verstärkt mit dem Wirken aus dem Ego heraus beschäftigen, welches sich noch auf einer niederen Stufe befindet und somit zutiefst lieblos und in der Aura als Dunkelheit sichtbar ist. In der Regel wird aus dem Ego heraus das eigentliche Böse erschaffen. Auch hasserfüllte Kreaturen oder tief gefallene Menschen sind in der machtgierigen Seite ihres Egos gefangen und können vor lauter Hass und Zerstörungswut keinen Lichtfunken mehr sehen. Sie befinden sich außerhalb jeglicher Liebesempfindung und fühlen sich ausgestoßen und verachtet, was ihren Hass noch mehr steigert. Dennoch steckt auch in ihnen ein Funken, der nach Liebe sucht, sie können ihn nur noch nicht wahrnehmen. Stattdessen glauben sie, sich nur über Macht, Unterdrückung und Hass ein kurzes Gefühl von Zufriedenheit und Wertigkeit verschaffen zu können.

Es sind zurzeit sehr viele Zugänge aus den lieblosen niederen Astralwelten aktiv, und auch Wesen, die sich in den erdnahen grauen Übergangszonen in die feinstofflichen Welten befinden, haben Einfluss auf den Menschen. Doch sie können ihn nur aktivieren, wenn der Mensch noch entsprechende Aspekte in sich trägt und sich von der dunklen Seite manipulieren lässt. Das Ausleben und das Verbreiten von Dunkelheit wird vom Menschen selbst initiiert. Viele Menschen sind sich gar nicht bewusst, wie sie den ganzen Tag über leben. Sie sind mürrisch, übellaunig, erfüllt von negativen

Gedanken und machen sich keine Vorstellung darüber, wie sehr dies ihre Seele verdunkelt. Sie erkennen nicht, dass die eigene Aura sowie die feinstoffliche Lebenswelt um sie herum von immer mehr Gegensätzlichkeit und Düsternis eingenebelt wird. Würden sie es sehen, müssten sie vor Scham in den Boden versinken.

In der neuen Zeit wird jede Gedankenform und jede Gefühlsregung für alle Menschen sichtbar sein. Direkt nach dem Übergang in die höhere Schwingung wird die Ausstrahlung der Aura – und damit der geistige Reifezustand – für alle Menschen deutlich sichtbar werden. Wir sind danach noch lange nicht alle von reinem Licht durchleuchtet, jedoch wird ein Mensch genau entsprechend der in ihm erreichten Liebe erstrahlen. Dann gibt es kein Verstecken mehr, und der Mensch mit der lichtvollsten Ausstrahlung wird in der neuen Zeit ein Führer und Lenker sein. Alle werden es anerkennen, und es wird keinen Neid mehr geben, nur noch gemeinsames Streben und gemeinsames Verwirklichen der Liebe auf dem Weg zu Gott.

Deshalb ist es so wichtig, natürlich nicht um nachher „gut dazustehen" oder „lichtvoll auszusehen", sondern als Ergebnis des wahren Suchens und Strebens nach der göttlichen Energie und den höheren Tugenden, sich bereits im Hier und Jetzt um seine geistige Ausstrahlung zu kümmern. Entscheidend ist die Suche nach Wesenszügen in uns, die noch damit beschäftigt sind, die eigene Fehlbarkeit dadurch zu verbergen, indem man über andere lästert und schimpft oder Neid und Missgunst empfindet. Die Suche nach diesen Aspekten im eigenen Inneren ermöglicht es, eine lichtvolle Transformation herbeizuführen und somit auch von der geistigen Führung aktiv unterstützt zu werden. Dies kann man erreichen, indem man sich intensiv um die Vorgänge im eigenen Inneren bemüht. Das ist nicht immer leicht, da man gerne „gut" sein und die eigene Negativität mitunter verbergen möchte. Man muss sie ja auch nicht in der Öffentlichkeit bloßstellen, es genügt durchaus, sie mit sich selbst, mit Gott und mit der geistigen Führung auszumachen. Mitunter ist bereits ein Gespräch mit Gleichgesinnten, mit Freunden oder mit einem Menschen, der bereits weiter fortgeschritten ist, sehr hilfreich. Doch die Hauptarbeit findet immer in der eigenen Reflexion statt. Das erfordert Einsatz und Mühe, ist aber in jedem Fall wichtig für die Selbsterkenntnis und damit für die Entwicklung hinaus aus dem Einflussbereich des Eigenwillens und der dunklen Seite.

Ein Beispiel kann aufzeigen, dass auch eine Zeit der Ruhe, die man scheinbar nur für sich selbst nutzt, dennoch nicht die Reise in das eigene Innere ermöglicht.

Marlene fühlt sich völlig ausgelaugt. Sie ist überfordert und spürt eine fortwährende Unruhe in Ihrem Inneren. Sie weiß nicht, was das bedeutet und nimmt sich die gut gemeinten Ratschläge ihrer Freundinnen nach langer Zeit zu Herzen und gönnt sich endlich eine Zeit der Entspannung. Ihre Muskeln sind angespannt, der Nacken verhärtet und sie ist von morgens bis abends nur noch unruhig und zittrig.

Aber was bedeutet es nun, Entspannung und Zeit für sich selbst zu haben? Marlene versucht es mit Sport. Sie konzentriert sich und fühlt sich abgelenkt von ihren inneren Zwängen. Dann geht sie ins Museum. Hier wird sie wiederum von interessantem Wissen erfüllt, was Ihr durchaus Freude macht; aber nach dem Museums-Besuch ist wieder alles gleich. Sie nimmt ein Bad und vertieft sich in einen spannenden Roman; doch nach dem Bad ist sie genauso unruhig wie zuvor. Alle diese Formen von Entspannung sind wunderschön, doch kann man sie erst genießen, wenn man das eigene Innere wirklich ergründet hat. Man muss sich selbst betrachten und tief in sich hineinfühlen, ansonsten wird man niemals die Hinweise seines eigenen höheren Selbst vernehmen. Das erscheint schwierig, und nicht selten will man sich sogar davor bewahren, diesen Stress und diese unguten Gefühle zuzulassen. Doch es geht nicht anders!

Das Innere kann nur erkannt werden,
wenn man es betrachtet!

Angestauter Stress kann nur abgebaut werden, wenn man ihn bewusst fühlt!

Das bedeutet, dass man sich auch nicht mit schönen Dingen ablenken sollte, sondern bewusst hineinfühlen muss in die eigene Unannehmlichkeit. Es ist meist nur der Anfang, der sich so schwer und stressbeladen anfühlt, dann wird es besser. Innerer Stress kann nur abgebaut werden, wenn er zugelassen, betrachtet und dann der geistigen Auflösung übergeben wird. Zu versuchen, sich davor zu bewahren, ruft in dieser Zeit der dringenden und notwendigen Auflösung nur noch stärkere Widerstände und Stress-Ansammlungen hervor.

Marlene wurde sich dieses Umstandes gewahr und ließ sich noch einmal ein Bad ein. Doch dieses Mal legte sie sich nur hinein, atmete einige Mal tief durch und ließ einfach geschehen, was sich einstellen wollte. Zuerst fühlte sie eine gewaltige Unruhe, vor der sie so gerne wieder davongelaufen wäre und sich abgelenkt hätte. Sie vertiefte sich ins Gebet und bat um Hilfe und Unterstützung aus der Geistigen Welt. Sie ließ einfach alles geschehen, und nach einigen unruhigen Minuten hatte sie zum ersten Mal das Gefühl, dass sich eine Kraft zeigte, welche die Spannungen abzubauen schien. Sie wusste nicht wirklich, was geschah, doch fühlte sie genau, dass sich Verkrampfungen abbauten und sie langsam die Nähe zu ihrer geistigen Führung wieder wahrnehmen konnte. Endlich hatte sie ihren Weg gefunden – sie musste nur geschehen lassen, ihr Innerstes der höheren Weisheit übergeben und einfach Vertrauen haben. Doch dies hatte in vollkommener Bewusstheit zu geschehen. Nach und nach gelangten dann Informationen in ihr Alltags-Bewusstsein. Sie erinnerte sich an Situationen, die sie erlebt und nicht wirklich verarbeitet hatte, und sie begriff endlich, dass sie auf diese Art den Hinweisen ihres Inneren folgen konnte.

Es bedarf in dieser Situation der bewussten Zuwendung zu sich selbst und des Vertrauens auf die Hinweise der Geistigen Welt. Sie versuchte in der Folge, sich mehrmals in der Woche solche

Zeiten der bewussten Zuwendung an ihre eigene Gefühlswelt einzuräumen. Manchmal legte sie sich auch nur entspannt hin, und nach kurzer Zeit war selbst ihr Schutzengel zufrieden, der das Gefühl der Unruhe verstärkt hatte, damit Marlene endlich aufwachte und sich selbst betrachtete. Das hat nichts mit Eigenliebe zu tun, sondern ist eine wichtige Art, sich selbst zu erkennen und Stress abzubauen. Jeder Mensch kann seine eigene Art der Stress-Bewältigung finden, doch wird sie ohne Bewusstwerdung und eine innere Zuwendung kaum funktionieren.

Die dunkle Seite ist sehr tückisch, listig und auch einfallsreich. Sie stellt selbst Suchenden eine Falle, wenn sie ihnen vormacht, sie hätten das Recht, über andere zu urteilen, die den Weg zur Liebe noch nicht gefunden haben oder ihn auf eine andere, ihnen fremde Weise gehen. Sie stellen sich mitunter über diese und bemerken gar nicht, wie sie selbst durch diese Bewertung und den damit verknüpften Hochmut Diener der dunklen Seite werden. Es entsteht im menschlichen System ein großer Energieverlust, den die lieblose Seite freudig auffängt und verwertet, wenn Menschen gedankenlos die Vorgaben von niederen Energien ausleben. Dann werden sie zu Sklaven dieser niederen Wesen und verharren in einer Unbewusstheit, die den Weg nicht erkennen lässt. Mitunter sind auch die eigenen Wesenszüge tückisch und einfallsreich, nur um das eigene egoistische Programm weiter ausleben und die „Wahrheit des eigenen Weges" irgendwie rechtfertigen zu können.

Beobachten Sie sich einmal selbst, wenn jemand ihnen etwas Negatives über einen anderen Menschen erzählt. Steigen Sie mit ein und befriedigen somit Ihren eigenen Frust, indem sie ihre eigene Negativität über diesen anderen Menschen ausschütten? Reagiert etwas in Ihnen, das ebenfalls über jemanden verärgert ist, und Sie lassen so Ihre Wut aus? Oder versuchen Sie bereits, das Gehörte in ein liebevolles Licht zu rücken und dem „Schimpfer" vor ihnen zu sagen, dass er den anderen vielleicht auf eine liebevollere Art betrachten könnte oder vielleicht selbst noch unerkannte Probleme hat? Werden Sie schnell ärgerlich, wenn vor Ihnen ein Mensch besonders unangenehm Auto fährt oder sich sonstwie störend verhält? Das kommt natürlich immer wieder vor, und der Stress in der heutigen Zeit lässt uns nicht andauernd in Harmonie schwingen, doch das Bemühen um mehr Ruhe und um mehr Liebe für den Mitmenschen wird schnell Früchte tragen.

Nicht selten ist uns gar nicht bewusst, wie lieblos unser Gedankengut ist. Gerade in der jetzigen Zeit vor dem großen Übergang und der intensiven energetischen Veränderung sind sehr viele Menschen ziemlich überfordert, da sie an ihre Grenzen gebracht werden. Viele fühlen sich diesen Anforderungen, nicht nur von ihrem eigenen Inneren, sondern auch vor der äußeren Welt, gar nicht mehr gewachsen. Nur großes Vertrauen in die geistige Führung lässt diese Prozesse gut überstehen. Viele sind so im Stress, dass sie das Beachten ihres eigenen Wesens ganz verlernt haben. Je mehr ihr Inneres jedoch das Licht sucht, umso intensiver fallen die Impulse und das Drängen aus der Geistigen Welt aus. Versteht man dies jedoch nicht und wehrt sich gegen diese Hinweise, empfindet die Aufarbeitung gar als gegen sich gerichtet, wird das Stress-Potenzial natürlich noch größer.

Gerne nutzt die dunkle Seite innere Teilbereiche des Menschen, welche noch von dem Bedürfnis nach Anerkennung oder dem Streben nach übermäßigem Hab und Gut geprägt sind. Diese inneren Bereiche werden vom Menschen oft verdrängt, da man sie nicht sehen und wahrhaben will. Doch da sie latent vorhanden sind, werden sie zurzeit von äußeren Feldern in Resonanz versetzt. Das starke dunkle Feld überflutet die Aura des Menschen und verhakt sich mit seinen Greifarmen in der Aura, sobald eine ähnliche Struktur darin entdeckt wird. Dieser verdrängte und manchmal in Vergessenheit geratene innere Wesensteil wird dann in Schwingung versetzt, da er die gleiche Frequenz wie das angreifende Feld aufweist. Man kann dann sogar das „Energiekabel" in der Aura sehen, welches den inneren Teilbereich mit dem großen äußeren

Feld verbindet. Sofort wird das innere Programm aktiv und der Mensch hat sich mit dieser Situation auseinanderzusetzen. Dadurch kann er erkennen, dass auch er noch eine solche Prägung in sich trägt und kann liebevoll mit ihr arbeiten. Seien Sie deshalb nicht verärgert, wenn Ihnen solch eine Situation widerfährt, sondern dankbar, dass sie die alte Verdunkelung auflösen dürfen. Sie werden an der Stelle, an der die alte Struktur saß, sofort mit Liebe und Licht durchströmt, und ihre Aura erstrahlt danach in noch schönerem Licht und helleren Farben.

Ganz aktiv sind momentan die sogenannten „Ego-Drängler". Sie wirken auf ganz unterschiedliche Art und Weise. Sie können im Auto hinter einem sitzen und mit so geballter Energie auf mehr Schnelligkeit drängen, dass man glaubt, man hätte gar keine andere Chance, als ebenfalls schneller zu fahren. Diese Drängler nutzen ein kollektives Aggressionsfeld, das ihnen diese Kraft gibt und auf empfindsame Menschen einzuwirken weiß. Sie warten regelrecht auf der Straße, um dem Raser den kurzen Impuls der Macht durch Schnelligkeit zu vermitteln. Tatsächlich wird ihm aber höhere Energie entzogen, die ihm in seiner Entwicklung fehlt.

Man kann diese „Ego-Drängler" auch im eigenen Inneren finden. Hat man beispielsweise noch einen Wesenszug im Inneren, der sich gerne über andere erheben möchte, da er sich selbst in seiner Tiefe als minderwertig betrachtet und somit diesen Mangel ausgleichen will (Die anderen sind ja auch nicht besser!), wird dieser Zug im gegenwärtigen Wandlungsgeschehen, in dem alles an die Oberfläche muss, ebenfalls aktiviert. Dieser Teil im Inneren versucht dann über alle möglichen Gegebenheiten oder auch nur aufgrund von Worten des Gegenübers diesen oder die Situation komplett in ein negatives Licht zu rücken und den anderen in seinem Gedanken- und Emotionalhaushalt aufzuhetzen. Dann wallen plötzlich Emotionen im Inneren auf und man beginnt, über den Menschen negativ zu denken, fühlt sich angegriffen oder schlecht behandelt. Je nach Situation wird man von dem inneren „Ego-Drängler" somit in ein ähnliches

Fahrwasser geschoben und lebt das gleiche Programm aus. Es entsteht Zorn oder Hass auf den anderen. Gefühle des Nichtbeachtet-Seins oder des Abgeschoben-Seins machen sich breit, und ehe man es sich versieht, hat man des Programm wieder verstärkt, anstatt es abzubauen oder den dunklen Wesenszug eines Besseren zu belehren.

Doch auch hier zeigt sich über das „Ausleben" und das Beachten dieser Situation, dass solche Muster noch vorhanden sind und es Zeit wird, dieses Feld mit dunkler Emotion und dunklen Gedanken nicht zu verstärken, sondern sie mit Licht und Liebe zu „erleuchten". Auch hier kann man deutlich wahrnehmen, dass erst die Aufmerksamkeit und das Bewusstwerden des Menschen eine Änderung bewirken kann. Man richtet seine Aufmerksamkeit darauf, und mit der Hilfe der Christus-Kraft kann es verändert werden, so wie die Quanten auch erst dann ihren Weg gehen, wenn sie mit Aufmerksamkeit und Bewusstsein betrachtet werden.

So kann es auch beim Aufwachen in der Nacht sein, dass beispielsweise ein Programm, welches aus alten Zeiten noch extreme negative Gefühle auf den Partner aufweist oder sehr enttäuscht worden ist, als „Ego-Drängler" aktiv wird und mit großer Macht versucht, das eigene Gedankengut mit der alten Negativität zu erfüllen und dem Menschen glauben zu machen, dass es auch heute noch die „Wahrheit" darstellt. Ein anderes Programm will dem Menschen vielleicht vormachen, dass er immer wieder schlecht behandelt wird und die anderen keinen Wert in ihm sehen. Dann ist es wichtig, sich diese Manipulation bewusst zu machen und sie mit Liebe zu überwinden.

Hier wird ganz klar deutlich, dass diese Programme nur existieren können, wenn sie wieder neu mit Energie gespeist werden. Da im Moment die Kraft der aufgebauten negativen Felder und Muster von der Geistigen Welt eingeschränkt wird, müssen sie sich wieder neues „Futter" holen. Das bedeutet, sie müssen sich zeigen – und dadurch kann man sie auch erkennen.

Auch an der Kasse eines Einkaufsgeschäftes kann großer Druck entstehen, wenn Menschen glauben, sie hätten nicht zu warten oder sich über den Lehrling an der Kasse ärgern, der noch so viel Zeit benötigt, bis er alles eingetippt hat. Zeitdruck ist momentan leider ein wichtiges Thema, doch je mehr man diesem durch Ruhe und Verständnis für andere Menschen entgegenwirken kann, umso besser für das eigene Energiefeld. Jeder Druck, der im Inneren gefühlt und nach außen ausgedrückt wird, hinterlässt einen Mangel. Man muss den entstandenen „Schaden" dann wieder beheben. Man trägt somit dazu bei, dass sich in der Lebenswelt um uns herum immer mehr Druck und Zwang aufbaut. Da sich Druck und Zwang schnell bündeln, können sie von der dunklen Seite leicht benutzt und missbraucht werden, um weiter Einfluss auf den Menschen auszuüben.

Auch veraltete Erziehungsmodelle oder Lebensvorschriften, die sich zu einem größeren Feld zusammengefunden haben, können einen großen Druck und inneren Zwang auf den Menschen ausüben. Mitunter werden diese lange gelebt, bevor man den fremden Zwang darin erkennt. Sucht man im Inneren nach Frieden und versucht alle Impulse aufzuspüren, welche diesen Frieden stören, lassen sich derartige Manipulationen erfassen und analysieren. Nicht selten erfährt man beim Versuch der Veränderung zuerst den starken Impuls von schlechtem Gewissen. Das Feld selbst will seinen „Energie-Zuträger" erhalten und versucht über derartige Gefühlsimpulse den Menschen von einer Löslösung fern zu halten. Doch mit liebevoller Hinwendung und dem bewussten Wahrnehmen der Gefühle kann man sich von diesen Einflüssen lösen.

Ein großes Thema ist auch der Abbau von alten Familien-Bindungen. Diese kommen in großer Zahl an die Oberfläche und können dadurch aufgelöst werden.

Auch über die Medien wird ein gewaltiger Druck verbreitet. Fühlt sich ein Mensch schlecht behandelt, fühlt er sich wertlos oder ist noch schwach in bestimmten Bereichen, wird ihm gesagt, er müsse nur dies oder das tun, dieses oder jenes kaufen, hier oder dort Mitglied werden, dann ist er jemand, dann werden seine Bedürfnisse gestillt und er fühlt sich fortan glücklich. Die dunkle Seite versucht zudem ständig, den Menschen in Angst und Schrecken zu halten. Es werden ihm Horror-Szenarien vorgegaukelt, welche den einzelnen Menschen nie erfassen würden, da er mit dieser karmischen Last gar nichts zu schaffen hat. Angst verkrampft das energetische System des Menschen und lässt die höheren Energien und die Heilströme nicht mehr fließen. Auch dies ist Sinn und Zweck, damit keine Ablösung stattfinden kann, sondern immer wieder erneute Bindung, und das alte Karma bestehen bleibt. So werden dem Menschen auch Krankheiten mitgeteilt, die über den Globus eilen. Seltsame Namen werden erfunden und darüber vergessen, dass die uralten, lange bestehenden Erkrankungen zu weit mehr Todesfällen führen als die „neuen Viren". Das wird nicht veröffentlicht, sondern stattdessen eine Scheingefahr ins Leben gerufen, die immer größere Ausmaße annimmt. Doch ist die Impfung gegen solche Erkrankungen vielleicht gerade das Einlass-Tor für Manipulationen im energetischen Bereich.

Das Vertrauen und die Bereitschaft, eigene alte Lasten auch anzunehmen und abzutragen, wird systematisch zerstört in dem Wahn, dass man sich „wehren", gegen alles kämpfen muss und nicht akzeptieren darf, was das Leben dem Menschen als Aufgabe zukommen lässt. Dann heißt es nicht: „Herr, **Dein** Wille geschehe", sondern stets, „**mein** Wille" möge geschehen. Das ist das genaue Gegenteil von dem, was uns zurück ins Licht führt. Auch dahinter steckt das pure Ego und die dunkle Seite, die ihre Zuträger und Energie-Lieferanten nicht davonkommen lassen will. Kein Abbau karmischer Altlast, sondern das erneute Ansammeln von dunklen Schatten sind die Folge.

Täglich wird das menschliche Leben überflutet mit Gewalt- und Horror-Bildern, mit Angst und Zwang, welche jene Emotionen auslösen, die mit Freude von der niederen, energiearmen und dunklen Seite aufgesaugt werden, die damit überleben kann. So werden durch uns selbst die einflussreichen Quantenfelder mit wirksamen Verbindungen zur Negativität geprägt. Alles Leben, alle aufgebauten Felder und auch alle feinstofflichen Wesen können ohne die Kraft Gottes nicht überleben. Wenn sie diese aufgrund ihrer Lieblosigkeit selbst nicht mehr erreichen können, wird als Ersatz missbrauchte Schöpferkraft vom Menschen abgezogen. Somit wird derjenige, der lieblos und unbewussst sein Dasein fristet, zum Ernährer der dunklen Seite. Er missbraucht die Kraft seines Lichtes, verdunkelt sie und übergibt sie dem Gegenpol. Dadurch wird auch er selbst immer dichter, liebloser und verkrampfter und fällt immer weiter von der lichtvollen, weichen und sonnigen Seite des höheren Weges ab.

Auch bei aufrichtigstem Streben neigt der Mensch immer wieder dazu, vorübergehend in die alten Muster zurückzufallen. Dann ist es wichtig, sich nicht gleich zu verurteilen, sondern liebevoll und im Wissen um unsere Schwächen wieder auf den Weg von Liebe und Verständnis zurückzukehren. Ansonsten schaffen wir auch nur Zwangsfelder, die verzerrt und düster erhalten werden wollen. Alles muss fließen, weich und getragen von Güte. Jeglicher Druck, der im Inneren wahrgenommen wird, kommt nicht vom Weg des Lichtes. Sich dies immer wieder klar zu machen, ist sehr wichtig.

*Der Weg der Liebe ist weich,
frei und von Verständnis getragen.*

Sobald Druck gespürt wird, ist der Weg nicht mehr klar und frei, sondern es drückt etwas aus dem Ego – Ego-Druck. Auch der Weg der Liebe soll immer in Freiheit und aus eigener Entscheidung begangen werden. Ansonsten würde er nicht wirklich zum Ziel führen und im weiteren Verlauf gegen die dunkle Seite mit ihren Einflüsterungen immun sein.

Haben Sie schon einen Menschen erlebt, in dessen Gegenwart sie sich so unwohl fühlen, als müssten sie sich ständig gegen etwas wehren oder gegen ein Gefühl der Einengung ankämpfen? Je stärker ein Mensch von Zwängen bestimmt ist, umso zackigere, rauere und manipulativere Energiefelder trägt er mit sich. Diese wollen sich stets ausbreiten und suchen durch das Ausleben ihres Programmes Energie von anderen abzuziehen, um sich zu erhalten. Dies kann niemals der Weg sein. Der freie Wille ist oberstes Gebot. Der Weg in das Licht wird von Hinweisen begleitet, nicht von Zwang.

Deshalb ist es so wichtig, im eigenen Inneren nach Zwängen zu suchen, um sie aufzulösen. Das können ganz banale Muster sein, etwa aus uralter Angst vor Ablehnung, vor Verlassenwerden oder es jedem Recht machen zu wollen; oder sich sofort gegen alles impfen zu lassen, damit man ja nichts durchleiden muss, aus uralter Erinnerung an Seuchen aus früheren Leben. Jede Art der Angst wird zurzeit aktiviert, um den Menschen zu manipulieren oder ihm seine Energie zu rauben. Das gilt es zu erkennen und im Gebet und in der Meditation abzubauen, um sich so davon zu befreien. **Freiheit ist der Weg**. Freiheit ist am Anfang auch schwer, da man die Nähe Gottes erfühlen muss, um sich richtig zu entscheiden, doch nur dies kann der wahre Weg sein.

Das folgende Gebet kann zur Manifestation von Kraft genutzt werden.

Höchste Schöpferkraft,

aus der Tiefe unserer Seele bitten wir Dich um Deinen Schutz und Deinen Segen. Bitte gib uns die Kraft, um die Manipulationen und dunklen Programme zu erkennen und führe uns auf unserem Weg der Erkenntnis. Bitte erfülle unser Herz mit Deiner Weisheit und geleite uns auf unserem Weg.

Wir vertrauen voller Liebe Deiner Weisung und legen unser Sein in Deine Hände. Deine Liebe führe uns, Deine Weisheit durchdringe uns und Deine Kraft löse alle Dunkelheit in und um uns auf. Wir danken Dir von Herzen.

8. DIE GLOBALEN FELDER

Hierunter verstehen wir zum einen die Felder, die aufgrund von menschlichen Vorstellungen, Gedanken und Emotionen zu einem großen, meist übergeordneten, auch länderübergreifenden Energiefeld geworden sind; zum anderen jene, die von Dunkelwesen inspiriert wurden, um die Menschheit weiter im Rad der Wiedergeburt zu halten und sie vom wahren Weg abzubringen.

Die von Menschen aufgebauten Felder, die in ihren Anfängen meist auch von der dunklen Seite inspiriert wurden, sind in dieser Zeit des Übergangs im Begriff, sich zu verändern oder vollständig aufzulösen. Das versucht die dunkle Seite natürlich zu verhindern, doch ist der Kraft des wandelnden Liebeslichtes nichts entgegenzusetzen.

Die kollektiven Felder der dunklen Seite versuchen zurzeit alles, um sich zu erhalten und in den Empfindungen der Menschen weiter Fuß zu fassen, doch immer mehr Menschen erkennen ihre Lieblosigkeit und lassen sich nicht weiter manipulieren oder einengen. Nehmen wir das kollektive Feld des Kommunismus und die Machtausübung durch Politik und Wirtschaft. Erst als eine bestimmte Anzahl Menschen ihr Bewusstsein und ihre Aufmerksamkeit auf das Geschehen lenkten und eine neue Information bereithielten, mit der befreienden Kraft von oben, kippte das Feld und konnte sich nicht länger halten. Alles Alte zerbrach, und die Menschen waren frei davon. Dies geschah zuerst im Geistigen, dann konnte es sich auf die irdische Ebene übertragen. Bevor dies jedoch geschehen konnte, haben zahlreiche Menschen bereits als Individuen im Vorfeld viel Leid auf sich genommen und intensive Vorarbeit geleistet. Alles wird an die Oberfläche gelangen, alle

Gedankenformen von Menschen werden sich zeigen und müssen jetzt aufgelöst werden.

Auch kollektive Felder, die dem Menschen zu Anfang durchaus dienten und ihm auf seinem Weg halfen, werden zur Auflösung gebracht; denn Gott benötigt keine Hilfsfelder oder Energien, um Schwächen auszugleichen, dem Menschen Halt zu geben oder ihm den Weg aufzuzeigen. In der Zukunft und immer mehr auch schon in dieser Zeit des Übergangs erkennen die Menschen, dass sie selbst es sind, welche die Wahrheit in sich finden. Sie benötigen keinen „Übersetzer" mehr oder ein Hilfsfeld, welches ihnen den Weg weist. Solche alten Hilfen sind Felder, die beispielsweise dem Menschen in Form von Zusammengehörigkeit in bestimmten Berufsgruppen dienten. In früheren Zeiten vereinten die Menschen ihre Kraft in kollektiven Feldern, die bestimmte Inhalte aufwiesen und teilweise geprägt waren von einer gemeinsamen Kleiderordnung und einem gemeinsamen Gedankengut. Doch so wertvoll dies in der Vergangenheit auch war, heutzutage sollte der Mensch in völliger Freiheit und mit wachem Geist den Hinweisen seiner geistigen Führung folgen und sich nicht mehr länger festhalten an alten Hilfsfeldern. Das ist manchmal sogar schmerzlich für den Menschen, wenn er in seinem Inneren einen solchen Halt verliert, doch ist es unausweichlich für die innere Freiheit. Alle Felder sind aufgebaut durch Gedanken und Emotionen, und nicht selten verharren sie in diesen alten Vorstellungen und wollen sich nicht ändern. Manchmal sind sie sogar noch gespickt mit Seelenpartikeln von alten Mitgliedern, die einer Veränderung entschieden entgegenwirken, da sie um ihre Existenz fürchten. Doch hier geht es nicht darum, dass sich abgespaltene Seelenteile in irgendwelchen alten Feldern weiterhin wohlfühlen, es geht um die Freiheit des Menschen. Auch wenn die Auflösung dieser alten Felder manchmal mit Schmerzen geschehen muss, ist es unausweichlich. Man muss sich stets das größere Ideal vor Augen führen.

Nehmen wir als Beispiel die Zeit des Mittelalters. Man trifft immer mehr Jahrmärkte oder sieht Veranstaltungen, in denen das

Mittelalter neu auflebt. Man kann dabei deutlich erkennen, dass sich hier große Ablösungen ereignen. Das hat eine gute und eine schlechte Seite. Zum einen wird es den bindenden Einheiten möglich gemacht, noch labile Menschen wieder anzuketten, um das alte Feld zu erhalten oder sich bei bestimmten Verdichtungen in der Aura neu anzuklammern; zum anderen aber können sich viele Menschen von schlimmen und schrecklichen alten Erlebnissen oder auch von alten Krankheiten, die sie zu dieser Zeit durchlebt haben, lösen, um dann die Zeit wieder neutral betrachten zu können. Dies geschieht nicht selten unbewusst, da der Mensch bereits gelernt hat, dass Neid, Missgunst, finstere Gedanken und Streitsucht, wie sie zur Mittelalter-Zeit oft anzutreffen waren, keine erstrebenswerten Zustände sind. Manche Menschen haben zwar ihr Karma bereits aufgelöst, jedoch existieren noch alte Erinnerungsfetzen, meist auf der Zellebene, wenn zum Beispiel die Pest schwer durchlitten wurde, welche durch einen Kontakt mit einem Mittelalter-Jahrmarkt dann an die Oberfläche kommt und sich verarbeitet, vom Bewusstsein jedoch nicht mehr betrachtet und somit nicht neu belebt werden muss.

Auch die griechische Geschichte, die Artus-Sage oder die Nibelungen, welche alle noch stark im kollektiven Gedächtnis verankert sind, werden in monumentalen Filmen an die Öffentlichkeit gebracht. Natürlich werden die Filme zwecks Verdienst und Ruhm gedreht, dennoch dienen sie auch geistigen Prozessen und können in den Menschen die unterschiedlichsten Verarbeitungen und karmischen Auflösungen herbeiführen. Dann muss der Mensch nicht erst in fremde Länder reisen. In alte Zeiten kann er sowieso nicht zurück, sondern er kann alleine durch das „Fern"-sehen an seine alten Speicherungen gelangen. So kann der Anblick eines Galeerenschiffes eine alte Gefangenschaft zur Auflösung bringen oder auch Folter und Flucht, die selbst in ähnlicher Weise erlebt wurden. Blickt man in die Geschichte, wird schnell deutlich, wie viel Schlimmes erlebt worden sein muss. Sehr oft haben sich Menschen in schlimmen Zeiten ewige Treue geschworen, den Schwur mit Blut besiegelt oder sonstige Eide geleistet, die immer noch wirksam sind. Je ehrenhafter eine Seele war, umso stärker ist leider die Bindung. Da der freie Wille auch für die Geistige Welt stets das oberste Gebot ist, wird ein Mensch nicht einfach abgelöst, sondern er muss erkennen, dass er frei sein soll. Dies kann durchaus erst im Inneren geschehen und muss nicht gleich an die Oberfläche des Bewusstseins gelangen, sondern erst mit der Zeit erscheint es im Wachbewusstsein.

Nicht selten werden solche Auflösungen und gegebenenfalls Loslösungen in der Nacht herbeigeführt. Sind Menschen noch an irgendwelche Felder gebunden, etwa aufgrund alter Belastungen wie Duelle oder Erbgeschichten, haben sie die Möglichkeit, sich in der Nacht mit der Hilfe der Geistigen Welt zu lösen. Das ist mitunter sehr anstrengend. Man wacht dann morgens auf und fühlt sich wie gerädert. Sind Menschen in ihrer inneren Freiheit bereits weiter vorangeschritten, helfen sie mit, solche Felder im Gesamten aufzulösen. Auch dies ist sehr anstrengend und findet häufig in der Nacht statt. Zu manchen Zeiten werden solche Felder von der geistigen Welt kollektiv zur Verarbeitung gebracht, was an diesen Tagen zu einer massiven Belastung des Energiesystems des Menschen führt. Dann berichten viele Menschen an solchen Tagen, dass sie sich total matt und erschöpft fühlen. Entweder hängt dies mit der Mithilfe bei Auflösungsprozessen zusammen oder weil sie selbst noch mit einem bestimmten Feld verhaftet waren.

In der nahen Zukunft und mit der neuen energetischen Freiheit wird es keine kollektiven, vom Menschen oder von der dunklen Seite aufgebauten Felder mehr geben. Der Mensch ist absolut frei, was er anfangs erst lernen muss, was ihm aber im weiteren Verlauf sehr viel Freiheit und Glück vermittelt.

Viele der kollektiven Felder sind von Machtgier und Unterdrückung geprägt, manche vom Staat, andere von religiöser Seite. Menschen, denen nicht sehr viel wirkliches Mitspracherecht gegeben wird, lassen sich leichter manipulieren. Sagt man ihnen noch, dass sie nichts wert seien oder beim Aufbegehren nicht in den „Himmel" kommen, ist die Kontrolle noch größer. So ziehen sich über den ganzen Planeten Felder hin, die dem Menschen stets vermitteln, wie klein und unbedeutend er ist, damit er es nicht wagt, aufzubegehren oder sich zu wehren.

Zu einer gewissen Zeit mag dies für manche Menschen sogar richtig gewesen sein, da ihr Eigenwille das ganze Volk verändert und somit viele Menschen verdorben hätte, doch in der kommenden Zeit werden nur die Menschen zusammenleben, die sich gemeinsam im individuellen Streben auf den Weg in eine höhere Erkenntniswelt aufmachen.

Man kann zurzeit auf dem ganzen Planeten spüren und erleben, wie sich die alten Felder auflösen, seien dies politische Systeme, Unterdrückungen ganzer Menschenrassen oder auch gesellschaftliche Strukturen. Alles bricht auf, alles kommt ans Licht und will angeschaut und bestmöglichst verarbeitet werden. Auch betrügerische Machenschaften oder Hinterlist, welche bislang im Verborgenen wirkten, dringen jetzt an die Oberfläche.

Es ist sehr bewegend wahrzunehmen, wie, über den ganzen Planeten verteilt, alle Menschen an der Auflösung bestimmter kollektiver Felder teilhaben. So war bis vor kurzem noch die Auflösung von Strukturen, die mit den Dinosauriern zu tun hatten, ein Thema. Im Moment sind viele Prozesse einzelner Geschichtsepochen in der Verarbeitung, beispielsweise die Zeit der Römerherrschaft, der Samurai, der griechischen Antike oder der Hitler-Zeit. Nicht umsonst spüren viele Menschen einen Hang in sich, bestimmte Filme anzuschauen, Märkte zu besuchen, Kultorte zu erkunden oder in Museen zu gehen. Man kann dieses Geschehen auch im eigenen Inneren erkennen. Zieht es einen verstärkt in eine bestimmte Richtung, kann man davon ausgehen, dass es hier noch einiges zu lösen gilt. Viele Menschen befreien sich zurzeit innerlich von alten

Bindungen. Es ist wichtig, auch jene Zeiten in der Geschichte zu respektieren, die scheinbar nur kriegerisch und schrecklich waren, da auch diese für einen weiteren Schritt in der Entwicklung eine Bedeutung besaßen.

Manchmal lösen derartige Auflösungsprozesse sogar körperliche Schmerzen oder seelische Not aus, die in diesem Moment nicht wirklich eingeordnet werden können. Erschöpfung und Mattigkeit sind dann mitunter wochenlang an der Tagesordnung, ohne dass ein äußerer Grund erkannt werden kann. Besonders wenn der Mensch durch sein inneres Streben alte kriegerische Anteile in sich bereits verarbeitet hat, geht es nur noch um das Ablösen auf der Zellebene. Dann wird das Tagesbewusstsein nicht mit der Thematik belastet, obwohl noch energetische Speicherungen aufgelöst werden müssen.

Sehr viele der erlebten Erschöpfungsmomente in dieser Zeit sind auf die inneren Ablösungen und Verarbeitungen zurückzuführen. Wenn die Seele ihre Erkenntnisse und Lernerfahrungen bereits vollzogen hat, gilt es nur noch, die Energiereste abzubauen. Deshalb muss auch das Geschehen nicht mehr bewusst miterlebt werden. Es genügt ein Kontakt und die innere Bereitschaft, und schon kann die Seele mit Hilfe der Geistigen Welt die alten Restenergien abbauen. Das ist in der jetzigen Zeit ein großer Segen und hilft, den Weg in die geistige Freiheit zu gehen.

Das nachstehende Gebet kann Ihnen innerhalb einer Meditation, in der Sie entspannt Ihr Inneres den höheren Mächten öffnen, eine gute Hilfe sein. Legen Sie dabei Ihre Handflächen Richtung Erde neben sich auf den Untergrund.

Höchste Schöpferkraft,

in Deine Hände geben wir unseren Geist und unser ganzes Sein.

Wir bitten Dich aus tiefstem Herzen um Ablösung und Freiheit von allen Feldern, zu denen wir im Laufe unserer Leben Kontakte geknüpft haben. Wir wünschen uns nichts sehnlicher, als mit der Freiheit unseres Wesens Deiner Liebe entgegenzueilen und bitten Dich voller Hingabe um die Löslösung aller alten Bindungen. Bitte zeige uns den Weg und lasse Deine Engel voller Liebe über uns wachen, damit wir die aufregenden Ablösungen mit der Hilfe Deiner vollkommenen Weisheit gut bestehen können. Erfülle uns bitte mit Deinem Segen und zeige uns stets Deine Wege, damit wir in der Dunkelheit immer das Licht Deiner Nähe fühlen können. Wir danken Dir aus tiefster Seele.

9. DIE ASTRALWELT – TÄUSCHUNGEN UND VERBLENDUNGEN

Nicht nur die Erde selbst, mit den Menschen, den entwickelten Tierarten und Pflanzen sowie den sie direkt umgebenden feinstofflichen Welten mit ihren verschiedenen Entwicklungsarten, wird den Schritt in die nächste Entwicklungsebene machen können, auch Schöpfungsbereiche der feinstofflichen Welt, die sich weit in die höheren Sphären erstrecken, werden die nächste Ebene erreichen. Diese Veränderung bedeutet auch, dass die noch dichten und dunkleren Bereiche, in denen die verschiedensten Wesen leben, ebenfalls verändert oder teilweise sogar komplett aufgelöst werden.

Wir werden in einem späteren Kapitel noch auf jene Seelen eingehen, die bisher erdgebunden waren, beziehungsweise nicht weitergehen konnten oder wollten, denn diese werden eine große Hilfe erfahren, und viele Menschen – Angehörige oder Nachfahren –, sind aktiv an diesem Hilfsprozess beteiligt.

In diesem Kapitel wollen wir die Wesen betrachten, welche den Menschen an seiner Entwicklung behindern wollen und sich aktiv bemühen, weiterhin Lebensenergie von den Menschen abzuziehen. Sie versuchen, den Menschen weiterhin an sich zu binden und zu verhindern, dass er zur Erkenntnis der Wahrheit gelangt und begreift, dass er nur kurzfristig mit ein bisschen Glück „bedient", wird, was nur eine niedere Befriedigung darstellt, aber mit wahrem Glück nichts zu tun hat.

Gleichzeitig geben solche Wesen und Strukturen dem Menschen aber auch die Möglichkeit, alle alten Programme und fehlerhaften Ausrichtungen in sich zu erkennen und bei Bedarf zu verwandeln.

Hat ein Mensch in seiner Kindheit nicht sehr viel Liebe erfahren und sehnt sich mit allen Wesensformen nach der Erfüllung seiner Bedürfnisse, nach Lob, Angenommen-Werden, Geliebt-Werden oder in einer Gemeinschaft leben, dann ist er mitunter ein gefundenes 'Schnäppchen' für Sektenjäger, die wie mit einem Spiegel auf der Astralebene dem Menschen vorgaukeln, dass er genau bei ihnen seine Erfüllung erfahren werde. Es wird ihm Gemeinschaft vorgegaukelt und Geliebt-Sein, wenn er nur alle Statuten der Sekte erfüllt, für sie Werbung macht, sein Geld abgibt, oder zumindest einen Teil davon, und vieles mehr.

Wieder andere Felder wirken nur auf der geistigen Ebene. Sie bewegen den Menschen dazu, zu urteilen, zu werten und Mitmenschen herabzusetzen, um über die Genugtuung, man sei ja so viel besser als der Übeltäter, kurzzeitig das Gefühl zu erhalten, man sei wirklich etwas wert und besser als der andere. Doch Urteilen bedeutet auch das Aufteilen der Ur-kraft, welche von niederen Wesen abgezogen wird, und der Mensch **teilt** sich somit auch von bestimmten **Ur-Kräften** ab.

Ganz kritisch wird es dann, wenn bestimmte Gruppen mit der wirklichen Wahrheit locken, hinter der jedoch die dunkle Seite steckt. Dann spüren die Menschen wirklich die Wahrheit, sie fühlen, dass sie in der Tat in der Vergangenheit von Machthabern, Kirche und Staat unterdrückt wurden und sehnen sich nach Anerkennung und Respekt. Sagt man ihnen dann, sie müssen jetzt endlich aufstehen, ihr Leben selbst in die Hand nehmen und alles erfüllen, was sie sich wünschen, wird solch ein suchender Mensch mitunter schnell verführt und glaubt, jetzt müsse er aber den anderen zeigen, worum es im Leben wirklich geht. Man erzählt ihm dann von Selbstverwirklichung, von Wünschen und Affirmationen und dass er dann bestimmt alles bekommt, was er wolle! Doch ist dies auch im Sinne seiner geistigen Führung? Kann er dadurch die noch zu durchlichtenden Aspekte seines Wesen erreichen? Ist dies sein Weg oder wird er erneut auf die Schiene des Egos gedrängt, welches nur begehrt und haben will?

Das Ego lässt sich leicht verführen. Es ist schwach und berechenbar. Deshalb will die dunkle Seite auch keine wirkliche Aufklärung. Dann würden die Menschen ja aufwachen und erkennen, dass sie doch nur den niederen Aspekten dienen. Wenn sie dagegen alle alten karmischen Reste verarbeitet und die Tugenden auf die höheren Werte ausgerichtet haben, wird ihnen die göttliche Führung alles schenken, was sie im Leben benötigen. Das ist im Grunde gar nicht so viel. Gesundheit ist ein großes Geschenk, und auch dies wird ihm gegeben, sobald der Mensch alles aufgearbeitet hat oder seine Mithilfe, manchmal auch für das Familien-Karma, vollständig geleistet hat. Soll das Auto denn immer größer sein als das des Nachbarn? Muss das Kleid vom Designer sein oder reicht es nicht, wenn es schön ist und seinen Zweck als Kleidungsstück erfüllt? Sind die materiellen Begierden nicht alle eine Verführung für das Ego, immer mehr, immer besser, immer weiter und immer öfter?

Innere Zufriedenheit ist ein großes Glück; und wenn wir erkennen, dass es bereits Glück bedeutet, seine alten Belastungen aufräumen zu dürfen, dann kehrt Zufriedenheit ein, auch wenn der Weg manchmal noch schmerzlich und schwer ist. Diese Welt ist nicht die wahre Welt, sie ist eine Arbeitswelt, eine Aufräummöglichkeit, welche den Seelen die Arbeit an ihren Altlasten und Tugenden erlaubt. Die Wahrnehmung und Erkenntnis der dunklen Seite ist äußerst wichtig, damit keine neue Verführung zur dunklen Seite mehr stattfinden und der Weg in die göttlichen Ebenen mit großen Schritten getan werden kann.

In der neuen Zeit, nach der großen Wandlung, wird es keinen Zugriff der dunklen Seite mehr geben. Keiner niederen Schwingung ist es mehr möglich, in den neuen Lichtfrequenzen zu existieren.

Somit kann keine Verführung mehr stattfinden, wie es bislang für die Entwicklung einer Seele notwendig war.

So erleben wir in dieser Wandlungszeit noch die extremen Versuche der niederen Aspekte von aufgebauten Feldern sowie der Kräfte der dunklen Seite, die versuchen, den Menschen erneut aufgrund von seinen Schwächen in ihre Fänge zu bekommen. Nachfolgend sind einige Auswirkungen aufgeführt, mit denen die niederen Aspekte erkannt werden können. Nicht immer sind sie sofort offensichtlich, doch mit offenen Augen können sie mit der Zeit erkannt werden.

- Die geistige Welt würde niemals den Menschen durch das Aufwallen von Emotionen oder über das Befriedigen von Bedürfnissen locken.

- Sie würde dem Menschen nicht vormachen, dass er, wenn er nur lange genug an ein bestimmtes Ziel glaubt, dieses auch erreichen könne. Immer wäre die Hingabe an die göttliche Vorsehung das Ziel und nicht die Erfüllung von Ego-Bedürfnissen. (Hier wollen wir nicht die Ideale in Frage stellen, die ein Mensch für sein Leben fühlt, diese werden ihm nach Möglichkeit von der geistigen Führung erfüllt, sobald es möglich ist.)

Stellen Sie sich vor, Sie haben sich zu einem Meditationsabend angemeldet. Sie hätten gerne einen Parkplatz, der sich direkt vor dem Haus befindet, in dem der Abend stattfindet. Jetzt haben Sie zwei Möglichkeiten: Sie können wünschen und focussieren, drücken und pressen in Gedanken und Emotionen, Ihre Aura mit Ego-Druck verpesten, damit Sie den gewünschten Parkplatz bekommen. Sie können all Ihren Eigenwillen einsetzen, um ja alle anderen auszustechen, damit Sie bevorzugt werden. Macht das allerdings jeder der Teilnehmer, wie kann das dann funktionieren? So viele Parkplätze gibt es gar nicht! Es wäre wieder das stärkste

Ego der Sieger, wie zu alter Zeit: Auge um Auge, Zahn um Zahn. Was für eine Nächstenliebe? Eine Teilnehmerin ist frisch operiert und hat Schmerzen beim Gehen. Würden Sie nicht ihr diesen Parkplatz geben? Die zweite Variante ist die, einfach um einen guten Parkplatz zu bitten – wenn es möglich ist. Sie sprechen die Bitte aus, aber überlassen es stets der geistigen Führung. Sind Sie dann sauer, wenn Sie keinen bekommen? Dann liegen Sie immer noch falsch!

- Ein höheres Wesen wird nie darauf bestehen, die alleinige und absolute Wahrheit zu verkünden. Auch wenn es so ist, würde er die anderen nie als Lügner bezeichnen.

- Die Geistige Welt würde niemals Vorschriften machen oder Vorgaben, wie jemand zu leben hat. Vorschläge wohl, aber keine Verbote. Gefühle von Druck und Zwang sind bei Lichtwesen nie vorhanden, und sie stellen sich auch niemals in den Vordergrund. Sie haben es nicht nötig, verehrt zu werden, da sie ihre Energie aus der göttlichen Ebene beziehen und nicht aus der Verehrung von Menschen.

- Sie erzählen auch nicht mit großen Worten, was sie schon alles Gutes getan haben, um vor den Menschen gut dazustehen.

- Sie lassen den Pfad immer offen und geben nur Impulse oder Hinweise. Entscheiden muss immer der Mensch selbst.

- Sie vermitteln dem Menschen auch kein Wohlbefinden, sobald er ihren Vorgaben dient, und lassen ihn glauben, er gehörte nun zu den „Besseren" und „Wissenderen".

- Sie haben es auch nicht nötig, sich über andere zu erheben, indem sie alles schlecht machen, was diese sagen. Niemals würden sie in Schimpf-Tiraden abgleiten und damit das Energieniveau anderer verzerren oder verringern.

Oft kann man von Hinweisen aus der Geistigen Welt und von Wesen lesen, die der Menschheit ihre Weisheit vermitteln wollen. Sie sagen mitunter durchaus brauchbare Sachen und geben auch wichtige Hinweise, doch wenn man dann liest: „Ach, ihr Menschen (Ihr Unwissenden), wenn ihr doch...." Ein hoch entwickeltes Wesen erhebt sich nicht über den Menschen, auch wenn es tatsächlich sehr viel höher steht. Es gibt dem Menschen nicht das Gefühl, zu einer unfähigen Masse zu gehören, die es fast nicht wert ist, dass man ihr Weisheiten übermittelt. Es steht außer Frage, dass die Menschheit extreme Fehler macht und an vielen Orten von der dunklen Seite beherrscht wird, aber sie wird von der Geistigen Welt geliebt und nicht als eine „Rasse von Dümmlingen" betrachtet.

- Niemals neigt ein hochentwickeltes Wesen zum Urteilen. Es erkennt und gibt Hinweise, spricht aber keine Verurteilungen aus.

- Es wirft auch nicht mit Fremdwörtern um sich, um den Menschen zu beeindrucken, wie gescheit es ist, sondern wird immer versuchen, in einfachen Worten zu sprechen.

- Es wird von Liebe reden und den Menschen keine Angst machen.

- Es wird von Vertrauen sprechen und von der Hinwendung an das Göttliche und den Menschen nicht anstacheln, seine Interessen zu verwirklichen und seine Begierden und Wünsche zu erfüllen.

Dies sind nur einige Beispiele, wie man geistige Botschaften betrachten kann, um möglichst die Wahrheit von der Fälschung zu unterscheiden. Viele Wesen versuchen gerade, vom energetischen Kuchen ein Stück abzubekommen, und mancher suchende Mensch muss erst noch das Unterscheiden lernen. Viele fühlen bereits in ihrem Inneren, wenn etwas nicht stimmt, sie wissen nur noch nicht genau, was es ist. Eine genaue Betrachtung von sich selbst und dem äußeren Geschehen kann hoffentlich Klarheit bringen.

Wir weisen alle noch Bedürfnisse und Sehnsüchte in unserem Inneren auf. Wir schwingen alle noch nicht im vollen Lichtglanz und haben noch ausgiebig an uns zu arbeiten. Erliegen wir einmal einer Verführung, ist das gar kein Problem, denn daraus kann man lernen und für die Zukunft Nutzen ziehen. Die Geistige Welt wird uns dafür niemals verurteilen. Ihre Liebe ist unermesslich, und sie wird uns immer helfen, wenn wir um Unterstützung bitten oder darum, die begangenen Fehler wiedergutmachen zu dürfen.

Eine wachsame „Hab-acht-stellung" dürfen Sie aber sofort einnehmen, wenn ihnen jemand erzählt, er sei schon vollkommen auf dem Lichtweg und vollständig durchlichtet! Seine Seele sei rein, er hätte noch nie die dunkle Seite berührt und so weiter und so fort! Dann sollten Sie kehrtmachen und schnell weggehen.

- Selbst das herrlichste Lichtwesen würde Ihnen so etwas nicht erzählen. Die eigene Herrlichkeit vor einem anderen darzustellen, würde das Gegenüber in einem „schlechten" Licht erscheinen lassen, das würde ein erhabenes Wesen nicht tun.

- Es würde auch niemals vermitteln, dass Sie nur zum Licht kommen durch seine Lehren. Der Einzige, der dies wirklich zu sagen vermag, ist Christus selbst. Er öffnete die Pforten für uns, er ist vorausgegangen, damit wir ihm folgen können und auch unsere Körper erhoben werden in das nächste feinstoffliche Reich.

Auch wenn Sie vielleicht nicht im ersten Moment die Gesamtsituation durchschauen können, prüfen Sie immer Ihre Umgebung und das, was um Sie herum geschieht. Beachten Sie, dass Jesus Christus für das Ende der Zeiten voraussagt, es würden viele falsche Propheten ihr Unwesen treiben.

Wenn Sie unsicher sind, können Sie folgende Worte sprechen, um zu mehr Klarheit in schwierigen Situationen zu gelangen. Wenn Sie nichts spüren, sollten Sie das Sprechen dieser Worte drei Mal wiederholen. Lassen Sie zuvor alle Fakten der entsprechenden Situation in Ihrem Geist ablaufen. Fühlen Sie in die Schwingung und meditieren Sie über die Wahrheitssuche.

Eine Bitte um Klarheit

Die Weisheit des Vaters möge mein Inneres durchdringen, die Wandlungskraft Christi möge die Energien erhellen und die Kraft des Heiligen Geistes den Weg klären. Von Herzen bitten wir um Wahrheit, Klarheit und um die Kraft der Entscheidung. Mögen die Illusionen schwinden, die Lügen entlarvt werden und die Täuschungen ein Ende finden. Möge die Dunkelheit weichen und das Licht stets unseren Alltag erhellen. Wir danken der Führung Gottes für Ihren Beistand.

10. WAS IN DER NACHT GESCHIEHT

Nicht für alle Menschen sind die Nächte zurzeit erholsam. Man könnte sie oft als „zusätzliche Nachtschicht" bezeichnen. Andere können trotz der heftigen nächtlichen Energien gut schlafen. Das hat damit zu tun, dass ihr Aufgabenfeld anders verteilt ist und nicht damit, dass sie vielleicht gar nicht zu denen gehören, welche beim Wandel der Erde in die nächste Ebene teilnehmen können. Sie werden mitunter auch zu gewissen Zeitabschnitten geschont, damit sich ihre Zellstruktur für den Wandel stärken kann. Sie werden dafür nach der Wandlung verstärkt eingesetzt, um den Menschen zu helfen, die sich noch in Verwirrung befinden oder noch Zeit benötigen, um sich mit der neuen Situation und der erhöhten Schwingung zurechtzufinden.

Ebenso ist auch nicht zu allen Zeiten der nächtliche Einsatz in gleichem Umfang zu erleben. Es gibt Nächte oder sogar längere Zeiten, in denen der Mensch entweder nicht persönlich eingesetzt wird, selbst alte Speicherungen auflösen muss oder die bestimmten Felder, bei denen er mithelfen muss, aktuell nicht bearbeitet werden.

Man kann auch nicht sagen, dass die Dinge nur in der Nacht geschehen. Tatsächlich ist es, global betrachtet, nur an einigen Orten Nacht, während es auf der anderen Seite der Erdkugel Tag ist. Das globale Feld wird dennoch verarbeitet. Da aber der Mensch in der Nacht meist seinen Körper verlässt und dann in der geistigen Welt intensiver mithelfen kann, laufen für viele diese Prozesse verstärkt in der Nacht ab. Tatsächlich sind sie nicht an den Tag-Nacht-Rhythmus gebunden.

Die Zeiten, in denen jedoch der nächtliche Einsatz anderen oder der Arbeit an sich selbst gilt, können sehr heftig sein. Dann fühlt man sich morgens beim Aufwachen wie gerädert, als hätte man die ganze Nacht schwer gearbeitet. Manchmal schmerzen die Knochen, der Kopf drückt oder man verspürt eine Übelkeit in der Magengegend.

Werden persönliche Altlasten oder Speicherungen aufgelöst, kann es sehr oft vorkommen, dass am Morgen nicht nur Magenschmerzen vorhanden sind, sondern auch Durchfall und Kopfschmerzen. Dann werden in der Nacht mit Hilfe der Geistigen Welt alte Verkrustungen im energetischen Bereich aufgelöst.

- Das können Anhaftungen an alte kollektive Felder sein, die sich gerade auflösen, etwa alte Berufsgruppen, Staatsfelder, Leibeigenschaften, Sklaverei oder Kriegsgeschehen.

- Es kann um die Loslösungen von alten Bindungen gehen, wie Schwüre, Eide oder Blutsbrüderschaften, und zwar nicht nur mit einzelnen Menschen, sondern vor allem mit alten Religionen, Kulten oder Menschengruppen. War man beispielsweise in der Gefangenschaft, dann haben sich nicht selten die Häftlinge eng verbunden, um die Härte zu ertragen. Dann muss immer eine Loslösung erfolgen. Die Liebe braucht keine derartigen Bindungen, die den persönlichen Energiefluss stören und Verkettungen auslösen.

- Seit kurzer Zeit ist es möglich, die letzte, tiefste Aura-Schicht zu erreichen, in der alte karmische Speicherungen festsitzen. Dies ist eine besondere Gnade der jetzigen Zeit, da sie zu einer kompletten Auflösung von allem Karma führen kann. Dann kommt es jedoch vor, dass ein Mensch sagt: „Das habe ich doch schon bearbeitet, wieso kommt das denn zurück?" Doch an diese alte Kruste ist er bis jetzt eben noch nicht herangekommen.

- Auch alte Erkrankungen oder Seuchen, Verletzungen oder Schocks werden mit ihren Resten zurzeit bearbeitet.

- Man kann, sofern man sich teilweise an die nächtlichen „Träume" erinnert, sogar bemerken, dass man sich Erlebnisse aus der Kindheit oder Jugend plötzlich wieder in Erinnerung ruft, da es eine Verdichtung in der Aura gab, die diese Speicherung noch enthielt. So werden nach und nach alle Ballungen und Belastungen, welche noch als Verdichtung in der Aura wahrnehmbar sind, verarbeitet und aufgelöst. Sind solche alten Erlebnisse peinlich oder unangenehm gewesen, sind in den Speicherungen natürlich die alten Gefühle enthalten, die dann am Morgen komplett im vorderen Verarbeitungsfeld der Aura sitzen. Diese müssen angenommen und aufgelöst werden. Sie dringen in das Solarplexus-Chakra ein und werden durch die Christus-Kraft im Herz-Chakra aufgelöst. Sie stehen dann als neutrale Energie wieder dem Menschen zur Verfügung. Deshalb fühlt man sich mitunter so schlecht am Morgen, da die alten Gefühle belasten.

- Ebenso werden innere Fehlausrichtungen, wie etwa Eifersucht oder Neid, in das Erkenntnisfeld gerückt. So kann es auch geschehen, dass ein Wesensteil sich noch in großem Hader mit dem Leben befindet und nicht verzeihen kann. Dieser Teil darf aktiv werden und wird in der Nacht alle Gedanken und Erlebnisse zusammensuchen, über die er herziehen und schimpfen kann. Kaum wird man wach, beginnt dieser Teil sofort mit seinem Gedankenwirbel und sucht nach Situationen, in denen man etwa schlecht behandelt wurde, einem aktuell etwas nachgetragen wird oder der Partner nicht so reagiert, wie man es gerne hätte. Dann hat dieser negative innere Teilbereich sein Revier gefunden und versucht, den Menschen aufzustacheln, damit er Energie über die Emotionen bekommt und in seinem Programm stärker wird. Dann ist es wichtig, ihn zu erkennen, ihn anzunehmen und ihn eines Besseren zu belehren. Man kann mit diesen Teilbereichen liebevoll sprechen, so als wären es Kinder, die den Weg zur Liebe suchen müssen. Vergebung und Nächstenliebe sind die Bereiche, welche die Barriere aufbrechen – und mit der Christus-Kraft kann alles aufgelöst werden. Vermutlich geschieht dies nicht mit einem Mal, aber mit der Zeit.

- Auch Anhaftungen von dunkeln Waben, die sich gerne an unausgerichtete Wesenteile des Menschen hängen, werden in der Nacht von der Geistigen Welt abgelöst. Dann muss man am Morgen mit den inneren „Kampfspuren" umgehen, welche im Gefühlsfeld wie Eisenspäne hängen, meist über dem Solarplexus.

- Ganz besonders wichtig ist die Ablösung alter Identifikationen. Diese können bis ins alte Ägypten zurückreichen oder auch nur in die Kindheit, je nachdem wo und wann man sich mit bestimmten Gruppen verbunden hat. Durch die Identifikation werden starke energetische Kabel geknüpft, über die auch negative Energie eindringen kann. Der Mensch muss nicht erst dies und das sein, um etwas darzustellen oder Schwächen im Selbstwertgefühl auszugleichen. Dennoch ist dies sehr häufig geschehen, da vor der Stärke zuerst die Schwäche herrschte.

Mithilfe für kollektive Felder zeigt sich folgendermaßen:

- In der Nacht werden von der Geistigen Welt ganze feinstoffliche Felder aufgelöst, welche sich über Städte und teilweise sogar über ganze Länder oder den Erdball ziehen. Dies können Vorstellungen über Staatsgebilde, Erziehungsmodelle, Religionen oder auch spirituelle Lehren sein. Hat man selbst noch einen Wesenszug in diesen Feldern, muss man natürlich damit umgehen, jedoch ist die Hilfe zur Auflösung meistens zur Stelle. So wie wir im Internet erleben, dass alle Menschen miteinander vernetzt sein können, so ist es auch im Geistigen. Alle Menschen, alle Lebewesen sind miteinander vernetzt.

- Die Masse der aufgebauten Felder drückt ebenfalls auf das menschliche System, und es ist eine Gnade, dass diese mehr und mehr aufgelöst werden können. Haben solche Felder ein Eigenleben, versuchen sie von sich aus auf den Menschen einzuwirken, wenn er noch einen Zugangscode, ein Passwort für ihre Schwingung in sich trägt.

- Mitunter werden von der geistigen Führung auch Familien-Ahnenfelder aufgelöst, deren Inhalte sich dann an die gegenwärtig Lebenden hängen. Die alten Programme wollen wieder gelebt werden, oder Speicherungen über schmerzhafte Erlebnisse einzelner Familienmitglieder müssen aufgelöst werden.

- So klagte eine Frau wochenlang über Schmerzen im Unterleib, die sich der Arzt nicht erklären konnte. Hier wurde eine große Ansammlung von Energie aus der Ahnenreihe verarbeitet, da die Frauen in dieser Familie sehr viele Abgänge, Unterleibserkrankungen und Tode bei der Geburt erlebt hatten. Diese alten Speicherungen konnten durch einige der Nachkommen aufgelöst werden, was sowohl den Vorausgegangenen diente als auch der Erde, da diese Verdichtung aufgelöst werden konnte. Auch Erlebnisse aus Kriegszeiten oder Vertreibungen werden mitunter von den Nachkommen aufgelöst. Selbst Erkrankungen oder auch alte Verfluchungen für die ganze Familie und ihre Nachkommen, die sich immer wieder über die Blutlinie fortsetzen wollen, werden zurzeit von den „Erben" aufgelöst. Das ist mitunter eine aufopferungsvolle Aufgabe und kann sehr anstrengend sein.

- Ebenso werden ganze Astralbereiche von der Geistigen Welt zur Auflösung gebracht. Darin sind nicht selten auch Menschen eingebunden, die vor langer Zeit ihr Leben ließen, aber noch nicht den Weg in das Lichtreich gefunden haben. Sie saßen durch alte Bindungen fest, die nun aufgelöst werden, ebenso wie das ganze Feld, in denen sie festhingen. Das kann ein Kriegsfeld sein, auf dem viele Seelen ihr Leben ließen, oder auch Kulturfelder, die sich nun verändern und auflösen. Bei derartigen Auflösungen werden teilweise sehr viele Seelen frei, welche zuerst einmal verwirrt sind und meist nicht wissen, wohin sie gehen sollen. Finden sie einen „Blutsverwandten", hängen sie sich gerne an diesen. Sie wollen nichts Böses, stören jedoch intensiv die Energiefelder des jeweiligen Menschen. Hier ist es sehr wichtig, diese Seelen den Engeln zu übergeben. Senden Sie sie auf keinen Fall einfach „ins Licht". Wo soll das denn sein? Wir können die geistigen Wege nicht wissen, welche diese Seele zu gehen hat. Nur die Engel wissen genau, ob sie zuerst noch in einen Astralschlaf versinken muss, in eine Läuterungsebene kommt oder noch Unterweisungen erhält, um ihr Leben zu reflektieren. Laden Sie sich kein Karma auf, indem Sie einfach etwas ohne die Hilfe und das Wissen der Engelwesen tun.

- So kann es auch sein, dass man in der Nacht mit seinem feinstofflichen Leib anwesend ist und mithilft, negative Energie von Seelen aufzulösen, die man gar nicht kennt oder zu denen man nur kurzen Kontakt hatte. Das geschieht mitunter zu genau festgelegte Zeiten, und nach einer solchen Mithilfe wacht der Mensch nach der Rückkehr in den Körper zuerst einmal auf und kann einige Zeit nicht einschlafen. Die Eindrücke waren stark, und das energetische Feld muss sich an diese Aufgaben erst noch gewöhnen. Energieleitungen müssen vergrößert werden, und dies wird oft von Unruhe und manchmal sogar von einem erhöhten Blutdruck begleitet.

Die Vielfalt der Verarbeitungen ist sehr umfangreich, manchmal erinnert man sich an Bruchstücke des nächtlichen Geschehens, manchmal vermischt sich das Unterbewusstsein auch mit Erinnerungen von irgendwelchen Filmresten, die man am Vorabend gesehen hat. Dann muss man alles offen lassen und einfach vertrauen, dass man geführt ist und die Dinge ihren rechten Lauf nehmen.

Diese Aufgaben erscheinen vielleicht riesig, und bereits beim Lesen kann das Gefühl aufkommen, überfordert zu sein, doch die Geistige Welt wird einen Menschen nicht komplett überfordern. Leider bleibt es im gegenwärtigen Wandel und bei der großen Auflösung alter Belastungen und Felder nicht aus, dass der Mensch manchmal das Gefühl hat, an seine Grenzen zu stoßen, doch darf er sicher sein, dass die Geistige Welt alles daran setzt, um dem Menschen Kraft zufließen zu lassen.

Es ist auch nicht immer leicht, mit der Masse an Emotionen umzugehen, die mitunter nach einer Nacht der Mithilfe oder der eigenen Verarbeitung noch im System des Menschen hängen bleiben oder sogar noch den ganzen über Tag festsitzen. Dann hat man vielleicht das Gefühl, depressiv zu werden. Man fühlt keinen wirklichen Antrieb mehr für die Belange des eigenen Lebens, und ein Überforderungsgefühl setzt sich durch. Doch auch hier sollten wir großes Vertrauen aufbringen und der eigenen Heilkraft des Körpers sowie der feinstofflichen Energie vertrauen, welche über die Chakras wirkt und mit der Zeit alle Belastungen und Anhaftungen auflöst. Jesus sagte für diese Endzeit voraus: „Zum Ende der Zeiten sollt Ihr stets mit mir verbunden sein!" Das ist genau die Ausrichtung, die wir unserem Wesen geben können. Das stete Bemühen, in seiner Liebe und Hilfe zu schwingen und das Vertrauen aufzubringen, dass auch er stets mit uns verbunden ist, auch wenn wir mitunter das Gefühl haben, ihn, die Kraft Gottes, gar nicht fühlen oder wahrnehmen zu können.

11. AGGRESSION

Erleben Sie auch in Ihrem Umfeld, dass die Aggression in den verschiedensten Formen immer mehr zunimmt? Oder fühlen Sie auch selbst in Ihrem Inneren, dass Sie mitunter aggressiv reagieren?

Auch dies hat im aktuellen Wandlungsgeschehen verschiedene Ursachen:

- Durch die Zunahme an negativer Energie hat sich auf der Erde ein dichteres Schwingungsfeld gebildet, welches es noch unentwickelten, lieblosen Wesen ermöglicht, auf der Erde zu inkarnieren. Sie haben ihre aggressiven Bereiche noch lange nicht unter Kontrolle, weshalb diese oft hemmungslos ausgelebt werden, genau wie viele andere unentwickelte Bereiche, die im menschlichen Wesen gären. Zerstörungswut und blinder Hass sind dann nicht selten die Beweggründe hinter der Aggression. Hinzu kommt bei solchen Menschen oft noch das Anhaften von Wesenheiten, welche sich über diese niederen Aspekte ausleben. Sie saugen ihm Energie ab, geben ihm ab und zu ein Stückchen Genugtuung und fordern ihn weiter auf, die dunklen Aspekte des Seins zu leben.

- In dieser Zeit der Wandlung wird auch immer wieder das Ego des Menschen aktiviert. Überall wird es angestachelt, um auf seine Rechte zu pochen, sich durchzusetzen und für seine Interessen einzustehen, koste es was es wolle. Dann wird rücksichtslos Auto gefahren, gedrängelt und auf Kosten der anderen der eigene Vorteil durchgesetzt. Die Energie der Aggression vermittelt dann kurzzeitig ein Gefühl von Macht, welche ausgelebt wird, ohne auf die Gefühle anderer zu achten.

- In früheren Epochen wurden Menschen immer wieder unterdrückt, ausgebeutet, moralisch erniedrigt und ihrer Freiheit im Geiste ebenso wie ihrer weltlichen Unabhängigkeit beraubt. Oftmals gab es aus solchen Situationen kein Entrinnen, was es notwendig machte, alle aufkeimenden Widerstände zu unterdrücken. Das ist besonders bei Frauen der Fall, denen in der patriarchalen Welt keine Entfaltungsmöglichkeiten gegeben und die teilweise extrem unterdrückt wurden. In der jetzigen Zeit werden diese verdrängten Wesensteile nun an die Oberfläche gebracht, denn alles muss ans Licht, was es den alten Seelenaspekten ermöglicht, sich endlich selbst wahrzunehmen. Nach der Unterdrückung kommt zuerst die Erkenntnis und dann die Wut. Eine starke Aggression setzt sich durch, welche sich auch auf alles richtet, was gerade verfügbar ist. Die Hauptsache ist, dass diese verkappte und unterdrückte Energie endlich an die Oberfläche kommen kann. So können auch heftige aggressive Reaktionen in Auseinandersetzungen auftauchen, da die Teile sich endlich erlauben, sich zu zeigen und für ihre wahren Bedürfnisse einzutreten. Bevor hier eine Harmonie einsetzen kann, wird zuerst einmal die Aggression ausgelebt. Die Waagschale hatte sich zu sehr in Richtung Unterdrückung gesenkt, jetzt schnellt sie zum Ausgleich erst einmal in die andere Richtung empor, um sich danach in ein harmonisches Gleichgewicht einzupendeln.

- Es können aber auch in den Auflösungsschichten der Aura Verdichtungen sitzen, die genau den emotionalen Inhalt von Aggression tragen. Er wurde in alten Zeiten verdrängt, da man ja „gut" sein musste und kein Widerspruch erlaubt war. Dann blieb nichts anderes übrig, als die Emotionen zu verdrängen. Man schluckte sie sozusagen hinunter, was bei der Auflösung nun nicht selten zu Magen-Darm-Verstimmungen führt. Aufgrund der bereits einsetzenden Lichteinstrahlung auf den Planeten werden diese Ablagerungen zur Verarbeitung gebracht und müssen nun aufgelöst werden. Dann wird der Mensch „urplötzlich" mit der Energie der Aggression überspült und weiß manchmal gar nicht, wie er damit umgehen soll.

- Mitunter fühlt sich der Mensch in seinem Nervenkostüm auch einfach durch die viele energetische Arbeit so überfordert, dass er mit den Wirren seiner Emotionen nicht anders umzugehen weiß.

- Die Spannung im energetischen Bereich nimmt in den Städten leider zu, und auch bei großen Menschenansammlungen ist der Druck auf das energetische System, welches durch die Auflösungs- und Reinigungsprozesse mitunter geschwächt ist, sehr stark. Dies führt dann zu inneren Abwehrmechanismen, welche sich über aggressive Gegenwehr zeigen.

- Auch werden viele Menschen in ihrer kompletten Zell-Struktur stufenweise umgebaut, was ebenfalls zu Spannungen im Nervengerüst führt.

- Man sieht immer wieder fremde Energiewaben im feinstofflichen Bereich um den Menschen, die sich von Aggression ernähren. Manchmal lagern sie auch in astralen Feldern, die im gegenwärtigen Reinigungsprozess aufgelöst worden sind, und überschwemmen nun die erdnahen Sphären. Sie veranlassen den manchmal geschwächten, sehr sensiblen oder labilen Menschen dazu, in Aggression zu geraten. Sie werden regelrecht aufgeputscht und angestachelt, damit die fremde Wabe diese Energie abziehen kann. Nur der Mensch verfügt über die Schöpfungsenergie, die in solchen Momenten natürlich fehlgeleitet wird. Man könnte sagen, es ist missbrauchte Schöpferkraft, die dann von den dunklen Waben verzehrt wird.

So kann Aggression durchaus eine Reaktion auf heftige Verarbeitungsprozesse sein, aber auch auf das Wirken der dunklen Seite zurückgehen. Man kann dies an den einzelnen Auswirkungen durchaus erkennen. Gleichgültig welchen Hintergrund die Aggression hat, es ist wichtig, sich selbst immer mehr zur Liebe zu führen. Man braucht sich nicht schlecht zu fühlen, wenn man selbst einmal aggressiv war. Wichtig ist es, den Weg in ein liebevolles Miteinander weiter zu gehen und sich in der Hinwendung an die göttliche Liebe immer inspirieren zu lassen.

Mit folgender Meditation kann man sich harmonisieren und zu mehr innerer Ruhe gelangen. Legen Sie sich dazu bequem hin und achten Sie darauf, nicht gestört zu werden.

Nehmen Sie ein paar tiefe Atemzüge und entspannen Sie ihren ganzen Körper von den Füßen bis zum Schädeldach. Fühlen Sie, wie eine Energie des Friedens Ihr Innerstes durchzieht, und geben Sie sich diesem Gefühl ganz hin. Folgende Worte können Ihnen helfen.

Höchste Lichtkraft,

voller Hingabe und Liebe übergeben wir unser Sein Deiner Führung. Bitte durchdringe uns mit der Kraft Deiner Liebe und lasse alle Unvollkommenheiten und Aggressionen in unserem Wesen durch Deinen Frieden ersetzen. Bitte harmonisiere unsere Gefühlswelt und schenke uns Ruhe und Wohlgefühl. Lasse uns Güte fühlen und schenke uns Klarheit für die Geschehnisse der Welt. Bitte führe uns in diesen Wirren und durchdringe uns mit Deiner Weisheit, damit wir alle Belastungen verarbeiten und die höhere Ordnung in uns fühlen können. Aus tiefstem Herzen danken wir Dir.

12. DER ECHTE UND DER FALSCHE FEIND

Einen großen Bereich der globalen Durchlichtung und Auflösung von alten Feldern nehmen zurzeit alte Feindbilder und Kriegsgegner ein. Dies kann sich auf das ganz persönliche Feindbild beziehen, betrifft in den meisten Fällen jedoch ein übergeordnetes Feld, welches intensiv von hasserfüllten und kriegerischen Energien durchzogen ist.

Betrachten wir uns die Geschichte unserer Erde, so wird schnell klar, wie viele Menschen seit Anbeginn der Zeit gegeneinander gekämpft haben. Bereits die Steinzeit-Menschen kämpften gegen benachbarte Stämme, verteidigten ihre Gebiete oder wollten fremde erobern. Ob wir das alte Ägypten betrachten, Griechenland, Alexander den Großen, Dschingis Khan, die Kelten gegen die Römer oder in neuer Zeit die ganze Welt gegeneinander, die Religionen gegeneinander, die Hautfarben gegeneinander – immer gab es nur Krieg und Kampf. Nicht nur als Ausübung von Macht und Herrschsucht über andere, auch als Notwendigkeit zur Verteidigung. Wie oft wurden die Nachbardörfer überfallen, um an Lebensmittel, Land oder Frauen zu gelangen. Entsetzliche Schlachten wurden geführt, manchmal gegen die eigenen Brüder, nur weil ein paar wenige nach Macht dürsteten und Reichtum begehrten.

Betrachten wir uns hier die Erziehung innerhalb der verschiedenen Kulturen und Religionen. So wurde den Kindern der Kelten gelehrt, dass der Römer der Feind ist, da er das Land einnehmen und die Weltherrschaft an sich reißen wolle. Er wurde als der üble Tyrann dargestellt, und man übersah, dass der Kämpfer an der Front auch nur ein Mensch war, der seinen Befehlen folgte. Diesem wurde vermittelt, dass die Kelten oder die Germanen

Wilde seien, ohne Kultur und Niveau. Sie waren es nicht wert, am Leben gelassen zu werden. So wurden ganze Generationen erzogen oder von den jeweiligen Machthabern systematisch auf den Feind eingestimmt. Im Inneren eines Menschen setzte sich dieses Feindbild fest. So wurde es zu allen Zeiten in den meisten Gesellschaften gehandhabt. Es gab immer wieder Menschen, die das Spiel durchschauten, doch hatten sie im Großen und Ganzen gesehen keine Chance. Die kriegerische Energie wollte sich entladen. Mit viel List und Tücke wurden Energien freigesetzt und die Menschen mit Hass geimpft, damit sie zur rechten Zeit gegen den Feind vorrücken konnten.

Man kann sich ausmalen, dass zahllose Menschen in zahllosen Leben durch solche Feindbilder geprägt wurden, ob kulturell oder religiös, und diese Prägungen, je nach Stärke, immer noch in ihrer Aura tragen. Auch heute noch wird immer wieder Menschen suggeriert, dass anders Denkende die Feinde sind, aus Angst, das gewohnte Gefüge zu verlieren und sich verändern zu müssen. Es existieren in fast jeder Religion solche Extreme, und wenn man den Menschen dann noch den Himmel verspricht, wenn sie 'Ungläubige' töten, fehlt nach wie vor jegliche Erkenntnis oder Nächstenliebe. Doch alle diese Feindbilder existieren und müssen nun, im Wandel der Zeit und in der Hinwendung zur Liebe, aufgelöst werden. Deshalb zieht es den Menschen mitunter in Kriegsfilme oder in historische Filme, da sie dadurch an die alten Bilder im Inneren geführt werden und diese so, in der rechten Gesinnung, aufgelöst werden können.

Die Wahrheit hat es niemals nötig, sich über Gewalt oder Gegenwehr zu behaupten: **Die Wahrheit ist**. Wahrheit ist Liebe – und nichts auf der Welt kann an der Wahrheit rütteln oder diese verändern. Man muss sie mit dem Herzen erfühlen, sie im Inneren wahrnehmen und die anderen Menschen, die dies nicht fühlen können oder anders denken, einfach loslassen und respektieren. Oft wirkt in ihnen noch ein altes, von Familie und Staat aufgezwungenes Feld, welches sie noch nicht überwinden konnten.

Mitunter keimt im Menschen eine fast unkontrollierbare Wut, die fast an Hass grenzt, auf, wenn sie bestimmte Filme sehen. Dann kann davon ausgegangen werden, dass noch alte Hass-Energien im Inneren vorhanden sind. Man muss sich auch bewusst machen, dass wir im Äußeren meist nur die Hälfte aller Prozesse erfahren, wenn überhaupt. Die Hintergründe für so manches Geschehen bleiben im Untergrund verborgen, da sie Machenschaften der dunklen Seite aufdecken würden, die nicht erkannt werden wollen.

Ein weiterer wichtiger Aspekt ist der, dass Regierungen und auch religiöse Führer schon immer wussten, dass Menschen, deren lieblose Energie auf einen Feind gelenkt werden kann, diese Energie nicht im eigenen Volk und innerhalb des eigenen Staates ausleben. Der Zorn auf Geschehnisse, die nicht selten vom Staat oder seitens der Religionsführer selbst ausgelöst worden sind, können ebenso auf den „Feind" gelenkt werden und stehen somit immer außerhalb der jeweiligen Kultur. Die Schuld kann transferiert werden, und wenn es einmal „erforderlich" ist, kann das Volk kurzfristig kriegerisch gegen den Feind eingesetzt werden. So wird mit der Energie gearbeitet und das Volk manipuliert, ohne dass es von der Masse wirklich wahrgenommen werden kann.

Doch heute neigt sich der Mensch immer mehr den Energien der Liebe zu. Er lässt andere ihren Weg gehen und hat keine Angst vor Veränderungen. Auch wenn noch starke Kräfte diese Neuausrichtung verhindern wollen, erkennt man immer deutlicher, dass sich neben allen dunklen Auswirkungen, die sich überall zeigen, dennoch das Licht der Nächstenliebe immer mehr durchsetzt. Das kann man besonders dann wahrnehmen, wenn sich irgendwo auf der Welt eine Katastrophe ereignet hat. Dann helfen die Menschen einander in ungeahnter Weise, und es ist beglückend, wenn man dies erkennt. Das Bemühen der dunklen Seite, die alten Feindbilder aufrechtzuhalten, ist zwar noch sehr aktiv, wird aber dennoch immer mehr erkannt, und die Menschen fühlen, dass es um weit mehr geht als darum, seine Energien auf den anderen zu übertragen oder gar zu glauben, sich ablenken zu können von eigentlichen Geschehnissen, wenn man sich stattdessen um den Feind im Äußeren kümmert.

Man kann die neue Ausrichtung auch gut daran erkennen, dass unsere Gesellschaft immer mehr „Multi-Kulti" wird. Die Menschen werden als Menschen erlebt und nicht als Teil eines Staatsgefüges oder einer Religionsgruppe. Sehr schön war diese Energie bei der Fußball-Weltmeisterschaft, die in Deutschland ausgetragen wurde, zu sehen. Ganz unterschiedliche Menschen haben gemeinsam gefeiert und gelacht, wodurch viel Annäherung stattfinden konnte und alte Energien aufgelöst wurden. Der Deutsche gilt im Ausland noch immer bei zahlreichen Älteren als Nazi. Besonders amerikanische Besucher waren überrascht, wie wenig dies der Realität entsprach. Aus diesem Grund werden auch immer wieder von den Amerikanern Filme über die Nazis gedreht, da viele von ihnen dieses Bild immer noch nicht aufgelöst haben.

Auch wenn wir den Sprachschatz betrachten, wird immer wieder deutlich, wie schnell wir selbst in alte Wertungen fallen und bestimmte Nationen einfach so einteilen, wie das allgemeine Bild uns vorzumachen versucht. So haben sicherlich die Nationen ihre eigene Ausstrahlung und Volksenergie, dennoch sollten sie nicht als „Feind" betrachtet werden. Es bedarf noch großer Heilung in so manchen Feindbildern. Deshalb ist es wichtig, sich immer wieder zu prüfen, gegen wen man vorschnell eine ablehnende Haltung einnimmt oder gar verbal „zu Felde" ziehen will.

Eine Kultur zu bewahren, da man sie für schön und sinnvoll erachtet, oder die Religion zu ehren und zu leben, die man richtig findet, sollte niemals von anderen angezweifelt oder verachtet werden. Jeder Mensch hat das Recht auf seine freie Entscheidung und hat die Wahl, welchen Weg er gehen möchte. Natürlich sollte dieser nicht in das Gefüge eines anderen Landes eingreifen. Es steht niemandem zu, Wertungen abzugeben oder Andersgläubige gar ins Lächerliche zu ziehen. Bereits beim Hang danach, andere Vorstellungen lächerlich zu machen, können wir davon ausgehen, dass noch alte Wertungen im Inneren vorhanden sind. Vielleicht nicht direkt als Feindbild, aber als Überheblichkeit über einen anderen Menschen. Das haben die meisten Menschen eigentlich gar nicht mehr nötig, dennoch spürt man es in vielen Bereichen.

Um in der Aura auch hier eine Klärung zu erlangen und den Fluss des Lichtes ungehindert fließen zu lassen, ist eine Prüfung der eigenen Person und der Gefühle und Gedanken wichtig sowie das anschließende Arbeiten mit diesen Bereichen.

13. FREIHEIT UND EIGENVERANTWORTUNG

Wenn man im Alltagsgeschehen von einer Situation in die nächste gelangt, nachts durch die geistige Mitarbeit oft an die eigenen Grenzen gebracht wird und sich überfordert und müde fühlt, dann mag man sich wirklich fragen, ob man sich das tatsächlich als freie Seele ausgesucht hat. Hat man wirklich „Ja" gesagt zu all den Anforderungen und Aufgaben, zu all den Anfeindungen von Menschen, die den Weg der Liebe gar nicht gehen wollen? Hat man sich dieser dauernden Erschöpfung und Schwere wirklich aus freien Stücken ausgesetzt?

Hier darf man nicht vergessen, dass wir uns in einer extremen Epoche befinden. Manche Seelen haben sich zwischen den Inkarnationen nicht viel Zeit zur Erholung nehmen können, wieder andere bringen von ihren Ahnen her viel altes Karma mit. Wie auch immer das einzelne Erleben aussieht, die Seele hat mit Sicherheit „Ja" dazu gesagt, ansonsten würde es nicht geschehen. Da sich die Persönlichkeit als solche im Leben entwickelt und erst zwischen dem achtzehnten und einundzwanzigsten Lebensjahr all ihre Seelenteile zusammen hat, kann diese gar nicht befragt worden sein, ob sie all das mitmachen möchte oder nicht. Die Seele hat entschieden, in der Gewissheit, dass es für die Persönlichkeit vielleicht nicht einfach wird oder bestimmte Zeiten auftreten werden, in denen sie bis an die Grenzen ihrer Möglichkeiten gefordert wird. Mitunter wird auch über körperliche Krankheit altes Karma aufgelöst oder alte Energien verarbeitet, was zu großen Erschöpfungen führen kann.

In keiner Epoche zuvor war es möglich, in so kurzer Zeit altes Karma aufzulösen, sich von alten Bindungen zu befreien und die

Tugenden im Inneren zu entfalten. Noch nie war das Bewusstsein der Milliarden von inkarnierten Persönlichkeiten so weit entwickelt wie in dieser Periode. Die Zeit bis zur großen Wandlung ist begrenzt, weshalb die Seelen aus den geistigen Bereichen alles daran setzen, dass die inkarnierte Persönlichkeit so viel wie möglich aufräumt und ihre Aura klärt. Nicht nur damit sie beim Übergang in die neue Zeit, also beim Eintreffen der großen Lichtwelle, mit reiner Aura und geklärter Energie wirken kann, sondern weil danach die Resonanz-Gesetze ausfallen, die es dem Menschen momentan noch ermöglichen, durch die Nähe zur dunklen und lieblosen Seite versteckte Reste in der Aura zu aktivieren und an die Oberfläche zu bringen.

Durch das Multi-Media-Zeitalter und durch das Internet wird der Mensch nicht nur von der dunklen Seite in Versuchung geführt, er kann auch in bisher ungeahnter Weise seine Restschulden verarbeiten und alte Belastungen auflösen.

Dennoch kann sich eine Persönlichkeit gegen die Vorgaben ihrer Seele stellen. Das wird von der geistigen Welt immer mit einem tiefen Bedauern betrachtet, da sich der Mensch dadurch einen wichtigen Schritt in seiner Entwicklung zurück in das Reich der Liebe verbaut. Dennoch wird auch dies zugelassen, da der freie Wille immer an oberster Stelle steht. Die eigene Seele wird daher immer versuchen, der Persönlichkeit eine andere Haltung zu vermitteln, doch ist der Konflikt vorprogrammiert. Manchmal beendet die Seele selbst solch ein Leben, damit die Persönlichkeit nicht noch mehr anrichten kann, manchmal muss sie auch von der geistigen Führung losgelassen werden, was zu einem noch tieferen Fall führen dürfte.

Neben aller Freiheit der Seele sollte man sich immer wieder bewusst machen, dass wir alle auch eine Verantwortung gegenüber unserer Umwelt und unseren Mitmenschen sowie für Mutter Erde und alle Lebewesen auf ihr innehaben. Das bedeutet auch, dass wir nicht täglich mit negativen Gedanken und Emotionen unsere Aura sowie das nähere Umfeld und damit das Feld des Planeten verschmutzen sollen, sondern im Gegenteil dazu beitragen sollten, dass die vorhandenen dichten Felder und alten Verkrustungen endlich aufgelöst und verarbeitet werden. Hier kann jeder Einzelne etwas dazu beitragen. Jeder liebevolle Gedanke, jede Form von Nächstenliebe setzt einen hellen Funken in der Aura der Erde frei. Das Herz muss dabei schwingen und wahre Liebe fließen.

Das ist nicht immer einfach, da sich die Auswirkungen der dichten Felder aus Zwang, Furcht oder Unterdrückung noch immer in greifbarer Nähe zeigen. Die Lieblosigkeit, Verurteilung und Verachtung vieler Menschen verpesten die Aura in den Städten. Dennoch sollte es unser oberstes Ziel sein, täglich ein bisschen mehr Liebe in den Alltag zu bringen. Wir sollen schon erkennen, was sich abspielt, aber nicht überheblich werten und uns schon als so lichtvoll betrachten, dass wir vor lauter Licht uns selbst nicht mehr finden. Diese Gaukelei ist auch eine List der dunklen Seite. Hier muss der Mensch vorsichtig sein, da der Eigenwille immer noch im derzeitigen Schwingungsfeld aktiv ist.

Betrachten Sie am Abend doch einfach das Geschehen des Tages. Überprüfen Sie Ihre Gefühle. Je weiter Sie sich hier vorarbeiten, um so mehr können sie bereits innerhalb einer Situation erkennen: „Oh, hier neige ich zum Urteilen oder zum Zorn!" Sie können dann in der aktuellen Situation eingreifen. Je weiter Sie sich entwickeln, umso liebevoller werden Sie, und das Werten hört dann von ganz alleine auf, da es keinen Teil mehr in Ihnen gibt, der sich über das Werten erhöhen oder in den Vordergrund schieben will, um Energie zu bekommen.

Die Geistige Welt hält für uns jede mögliche Hilfe bereit. Je aufrichtiger wir sie bitten, uns zu helfen, die eigenen Fehlbarkeiten noch in die Liebe zu schwingen, umso stärker kann sie mit ihrer Liebe mitwirken, damit diese Ziele erreicht werden. Sie hilft uns dann auch in der Nacht weiter, um die angestauten Energien abzubauen und die Aura in einem feineren Licht erstrahlen zu lassen. Bittet man sie dann, uns noch Unerkanntes ins Bewusstsein zu bringen, kann eine noch aktivere und schnellere Verarbeitung einsetzen.

Je stärker die Freiheit des Geistes fortgeschritten ist, um so mehr kann man am energetischen Strom der Wirbelsäule sehen, dass die höchste Liebe und Weisheit diesen Menschen leitet. Er wird nicht mehr von Bedürfnissen des Egos gelenkt, sondern hat seinen Willen dem Höchsten übergeben. Starke Lichtimpulse schwingen im Strom der hinteren Aura, und das Energiezentrum über dem Kopf und unter den Füßen fließt in enger Harmonie zusammen.

14. DIE TRANSFORMATION DES KARMA

Karma, in der Form, wie wir Menschen es zurzeit erleben, abtragen und verarbeiten müssen, wird es in der neuen Zeit nicht mehr geben. In den lichtvollen Schwingungen der kommenden Epoche wird diese Form der Entwicklung nicht mehr notwendig sein.

Wenn man sich den Entwicklungsweg vor Augen führt, den die Menschheit bisher gegangen ist, war diese Art der Bewusstwerdung, des Erlebens und des Transformierens unumgänglich, da der Mensch in keiner anderen Form in der Lage gewesen wäre, das Geschehen der Vergangenheit auch in gerechter Folge an sich selbst rückzuerleben. So kann es sein, dass ein Mensch nach seinen ersten Erfahrungsinkarnationen mit aufrichtigem Bemühen das Thema Macht erleben will. Er inkarniert sich daher als Sohn eines Herrschers und bekommt somit die Möglichkeit geboten, diese Form der Macht in allen Zügen zu erleben. Er lebt diesen Impuls auch voll aus, zettelt Kriege an, nimmt sich wahllos Frauen und unterdrückt eine große Zahl von Menschen. Mit List und Tücke bleibt er an der Macht und vergrößert sein Territorium. Er fügt vielen Menschen Leid zu, indem er seine Feinde foltern und sein Volk für Kriegsgelder schuften lässt. Die Abgaben werden dabei jährlich vergrößert. Durch dieses Leben kann er – in der Rückschau in der Geistigen Welt – zwar sehr viel lernen, hat sich aber auch eine erhebliche Menge Karma aufgeladen. Er erkennt die Illusion der weltlichen Macht und möchte reumütig alles wiedergutmachen, indem er selbst ein neues Leben wählt, welches ihn in die Unterdrückung und Herrschsucht seitens eines anderen Menschen führt.

Dies ist deshalb möglich, weil ein neuer „Einsteiger in die Erkenntniswelt Erde" genau jene Erfahrungen machen möchte und auch durchlebt, die ebenfalls dem Erleben von Macht dienen. Dieser fügt nun unserem Machtmenschen aus dem früheren Leben genau die gleichen Formen von Machtmissbrauch zu, die dieser zuvor ausgelebt hatte. Er kann also aufgrund des Karma-Aufbaus eines anderen sein eigenes Karma abarbeiten. Dies bedeutet, dass immer eine sogenannte „Karma-Welt" vonnöten ist, damit bis zu einem gewissen Entwicklungsniveau altes Karma wieder abgetragen werden kann.

Deshalb können gelebter Hass und Neid immer dadurch gebüßt werden, dass man sich in einem neuen Leben dem Erkenntnis-Karma eines anderen unterwirft. Wenn die Erde von dieser Aufgabe in der kommenden Zeit befreit wird, dürfte es nicht lange dauern, bis ein neuer Planet die Aufgabe als Erfahrungswelt für die Menschen übernimmt.

Erst wenn ein bestimmtes Maß an Liebe erreicht ist, sehnt sich der Mensch so sehr nach Gott, dass er keine negativen Erfahrungen mehr benötigt und das geistige Streben den alleinigen Antrieb für den Weg in die Lichtreiche darstellt. Dann ist es auch nicht mehr notwendig, dass ein Mensch sich Karma aufbaut, indem er einem anderen das Gleiche zurückgibt, was dieser zuvor verursacht hat.

Der freie Wille des Menschen, der sich nach Gott sehnt, ist dann stark genug, um seine niederen Aspekte so auszubilden, dass sie stets nach oben streben. Gier und unkontrollierbare Emotionen sind annähernd ausgeglichen und haben keine Macht mehr über den Menschen. Die geistige Arbeit ist eine feinere geworden. Er benötigt keine groben Anstöße mehr, sondern strebt mit allen Fasern seines Wesens ins Licht. Keine unbewussten Aspekte wirken mehr ein, sondern alles liegt im klaren Bewusstsein und offenbart die Seele. Der freie Wille hat sich entschieden, ungezwungen und bewusst den Weg weiter zu gehen.

Viele Menschen verarbeiten gerade ihre karmischen Restschulden, was nicht immer ganz leicht ist. Sie werden intensiv von ihrer geistigen Führung unterstützt, da die Zeit noch ausgenutzt werden soll, in der die dunkle Seite noch die Resonanzen im Inneren ankurbeln kann und die Rest-Ablagerungen an die Vorderseite der Aura gelangen, um hier angesehen und verarbeitet zu werden. Manche Menschen fragen sich, warum das gerade Erlebte so sehr schmerzte und so unangenehm war, und sie erleben die dunkle Seite mit voller Wucht, obwohl sie schon sehr viel Liebe in sich tragen. Manchmal stehen sie fast im Streit mit der Geistigen Welt, da sie diese harten Stöße in ihrem Leben nicht verstehen können. Doch dies hat ganz einfach den Hintergrund, dass der Mensch bereits so sehr im Licht der Liebe schwingt, dass eine kleine Annäherung von niederen Aspekten, wie sie der geschilderte kleine Teil im hinteren Aura-Rand noch aufweist, nicht ausreichen würde, um durch das Licht der Aura den kleinen Teil berühren zu können. Es bedarf eines großen Ausmaßes an Dunkelkraft, die so stark ist, dass sie auch den hintersten Winkel des Wesens berühren und in Resonanz bringen kann. Erst dann tritt beispielsweise alter Neid an die Oberfläche, der dann vom Menschen aufgelöst werden kann. Nur deshalb wird es zugelassen. Es dient dem Menschen. Es geht nicht darum, ihm zu schaden oder ihn zu schwächen. So etwas ist nicht die Gesinnung der geistigen Führung. Vertrauen Sie deshalb, auch wenn es schwerfällt, Ihrer Führung und nehmen Sie die Situationen an.

In der neuen Zeit fehlt diese Form der Verarbeitung, was die Seelen veranlasst, den derzeitigen Zeitrahmen voll auszuschöpfen. Deshalb fühlen sich viele Menschen zurecht geradezu vorwärtsgedrängt. Doch dient dies ihrer Seele und ist nicht gegen sie gerichtet. Wenn man diese Prozesse zulassen kann, fühlt man sich nicht vom Chaos überrollt, sondern erkennt eine anstrengende Karma-Verarbeitung. Richtig betrachtet, sollte man diese Vorgehensweise als einen *Liebesdienst* betrachten, da der Übergang in die neue Zeit so viel reibungsloser verläuft. Es bleiben keine Restablagerungen bestehen, und das Licht der neuen Zeit kann ungehinderter in der Aura fließen.

Nicht selten werden die Menschen, die jetzt so intensiv ihre Altlasten verarbeiten, in der neuen Zeit eingesetzt, um anderen Menschen zu helfen, die nicht so schnell ihr Karma abtragen konnten, vielleicht weil gewisse Umstände dies nicht erlaubt haben. Auch wenn ihr Maß an Liebe für den Schwingungwechsel ausreichte, tragen manche Menschen immer noch kleine Belastungen, die sie jedoch im Laufe der Zeit liebevoll abbauen können. Sie sehen sie aufgrund ihrer erweiterten Wahrnehmung in ihrer Aura und können ganz bewusst damit umgehen, sobald sie sich bereit dazu fühlen. Die geistige Führung, die nun offen und bewusst mit den Menschen arbeiten kann, wird sich bemühen, dabei mitzuhelfen.

Man kann also sagen, dass die bestehende Übergangszeit jene Zeitlinie darstellt, in der für all jene Menschen, die an der Erhöhung der Erde teilhaben werden, das alte Karma vollständig abgebaut wird. Es wird nach dem Übergang auch keine kollektiven Karma-Felder mehr geben; keine Gedankenformen oder mentale Felder, welche als geistige Forderungen auf den Menschen einwirken. Sämtliche Felder, welche der Mensch in dieser Epoche aufgebaut hat, sind dann vollständig aufgelöst. Deshalb ist der Umbruch im Moment auch so heftig, weil die ganzen alten Felder in der Auflösung stecken.

Manche Menschen haben zwar fast ihr ganzes Karma abgearbeitet, fühlen aber dennoch ein großes Unverständnis in ihrem Wesen. Dies kann daher rühren, dass das innere Wesen des Menschen genau weiß, dass die Finsternis der dunklen Seite und die Lieblosigkeit der Welt, welche es dennoch täglich mit anschauen und erleben muss, für seine Seele nicht mehr notwendig wäre. Viele Menschen wollen diese Lieblosigkeit nicht mehr mitmachen; aber dennoch stehen sie mittendrin. Das kommt daher, dass auf zahllose andere Menschen gewartet werden muss und das Einströmen der großen Lichtwelle, welche die Erhöhung und Durchleuchtung der Erde mit all den Menschenkörpern, die den Weg mitgehen können, einleitet, noch nicht gestartet werden konnte. Alle Menschen müssen warten, bis die höchste Instanz den „Startschuss" gibt. Doch es ist grundsätzlich besser, von sich nicht anzunehmen, man sei mit seiner Läuterung schon fertig; denn schnell kann man eines Besseren belehrt werden und steckt in einem Reinigungsprozess fest. Überheblichkeit oder Anmaßung, wie sie die dunkle Seite immer wieder zu initiieren versucht, lässt den Menschen wieder in die alte Schiene zurückgleiten. Hier ist immer Vorsicht geboten. In Harmonie mit der geistigen Führung können wir uns in einer Schwingung aufhalten, die uns in Ehrfurcht vor der höchsten Liebe leben lässt und uns hilft, die Wirren dieser Zeit gut zu überstehen.

Man kann innerhalb einer Meditation in Liebe sehr viel Energie der geistigen Führung übergeben. „So werfet alles auf mich!", übermittelte uns einst Jesus Christus. In tiefer Hingabe und mit ehrlichem Herzen dürfen wir sicherlich alle unsere Sorgen und feinstofflichen Verdichtungen in die Hände des Meisters legen, damit er für uns, mit der Kraft Gottes, die alten Bindungen auflösen kann.

Höchste Lichtkraft,

in Deine Hände legen wir unser ganzes Sein. Wir bitten Dich von ganzem Herzen um die Auflösung aller alten Schulden und karmischen Belastungen. Möge Deine Liebe alles durchdringen und bis auf die Grundmauern unseres Seins alle negativen Ströme auflösen und Dein Licht in unserer Seele verankern. Bitte durchdringe mit einem Strahl Deines Segens alle alten Verkrustungen, damit der Strom der Liebe ungehindert fließen kann und wir auf Deinem Lichtweg voranschreiten können. In tiefer Liebe legen wir unser Sein in Deine Hände und danken Dir für Deine Liebe.

15. DIE VERFEINERUNG DER WAHRNEHMUNG

Ist Ihnen das in letzter Zeit auch schon passiert? Sie dachten an jemanden, und plötzlich rief er an oder besuchte sie am nächsten Tag? Oder man erfuhr in einem späteren Gespräch, dass dieser Mensch in genau der Zeit besonders an einen gedacht hatte? Oder eine Person fällt einem ein, und bei der nächsten Straßenkreuzung läuft sie einem über den Weg?

Haben Sie bei einer Entscheidungsfindung bereits den richtigen Impuls im Inneren gefühlt, ihn aber aufgrund der nachfolgenden Gedankenarbeit wieder verworfen und am Ende doch erkannt, dass ihr erster Impuls richtig war? Der erste Impuls ist fast immer von der höheren Führung inspiriert und enthält die Wahrheit. Leider wird durch die Gedanken, die ja nur die Vorgaben, Zwänge und Muster der Welt kennen, in den nächsten Bruchteilen von Sekunden bereits dieser erste Weg verworfen und die intellektuelle Entscheidung als richtig betrachtet.

Hatten Sie in letzter Zeit das Gefühl, dass Sie ganz kurz irgendwelche Dinge in Ihrer Umgebung sahen, die materiell gar nicht existieren? Das können plötzliche Schatten sein, vorbeihuschende wolkenartige Gebilde oder kurze Lichter.

Fühlen Sie manchmal, wie Ihnen ein Schauer über die Haut läuft? Wie sich sogar an bestimmten Stellen, wie Beinen oder Schultern, eine Gänsehaut aufstellt? Dann haben Sie vermutlich ein Feld berührt, welches es aufzulösen gilt.

Riechen Sie in letzter Zeit intensiver als vorher? Hat sich Ihr Geschmackssinn verändert? Hören Sie deutlicher oder haben gar das Gefühl, Dinge zu hören oder Klänge, die gar nicht da sind?

Fühlen Sie manchmal einen Druck auf Ihrer Brust, der Ihnen das Atmen zu erschweren scheint?

Haben Sie das Gefühl, Sie können nicht mehr wie früher unter Menschen gehen, vor allem wenn sich sehr viele Menschen an einem Ort zusammenfinden? Sie fühlen sich beengt und können den Druck kaum aushalten?

Fühlen Sie sich nervlich mitunter fast an Ihre Grenzen gebracht und haben die Empfindung, das Ganze jetzt wirklich nicht mehr aushalten zu können? Sie machen sich vielleicht sogar Sorgen, sie könnten depressiv werden?

Möchten Sie mitunter das Leben hinwerfen und diesen Tumult einfach nicht mehr mitmachen? Sie fühlen sich überfordert und sehen manchmal keinen Sinn mehr hinter allen Ereignissen?

Sicher trifft das eine oder andere auf Ihren derzeitigen Zustand zu. So kann der Eindruck entstehen, dass man sich Sorgen um sich selbst machen müsse, doch dies ist nicht der Fall, solange sich keines der Symptome im Übermaß zeigt. Es ist ein Zeichen, dass Sie sich mitten im Wandel befinden.

Wir haben im Kapitel „Tage des Übergangs" bereits aufgezeigt, dass sich die feinstoffliche Wahrnehmung, also die Hellsichtigkeit, die sich nach dem Einströmen der großen Lichtwelle ereignet, für alle Menschen deutlich zeigen wird. Zu diesem Zeitpunkt wird für den Menschen eine neue Dimension geöffnet, und alle seine feinstofflichen Zentren werden hierfür bereit sein. Doch dies geschieht nicht ohne Vorbereitung. Man kann bereits jetzt, in dieser Zeit vor dem großen Wandel und den sich auslebenden Wirren, deutlich sehen, dass das feinstoffliche Gerüst und die Chakras der Menschen verändert werden. Sehr häufig geschieht dies in der Nacht, doch auch während des Tages erkennt man immer wieder Energiewellen, welche die Chakras ausdehnen oder die inneren

Energiebahnen weiten. Das geht für den Menschen leider nicht immer problemlos einher, da es für das System etwas gänzlich Neues darstellt und sich der feinstoffliche Bereich erst auf die höhere Schwingung einstellen muss. Würde die Hellsichtigkeit plötzlich eintreffen, das Licht somit völlig unvorbereitet in die Aura des Menschen strömen, würde dieser schwere Verbrennungen im Feinstofflichen wie auch auf der Körperebene erleiden.

Diese Vorbereitung wird sehr oft als Unruhe empfunden, die den Körper und das Gemüt erschüttert. Man hat vielleicht sogar das Gefühl, man könnte platzen, müsste sich schütteln oder sogar davonlaufen vor diesen Vorgängen. Für den Körper ist das schwierig, und die Zellebene hat manchmal regelrecht Angst davor. Dann ist es wichtig, gut durchzuatmen, sich das Geschehen bewusst zu machen und Verständnis aufzubringen für diese Reaktionen, die so unbekannt und neu sind. Würde man sich über diese Gefühle auch noch aufregen, welche der Körper in seiner Veränderung zeigt, kann es sein, dass man das Vorgehen stört und die Umstellung behindert. Je liebevoller man alles annimmt und weiß, dass man stets beschützt wird und die Veränderung am Ende nur zu unserem Besten geschieht, kann man alles etwas ruhiger ablaufen lassen! Das mag leicht gesagt klingen, aber mit einer Portion Vertrauen geht es wirklich!

Eine gewisse hellsichtige Wahrnehmung kann sich unter Umständen teilweise bereits vor dem großen Lichtstrom einstellen. Das wird die Entscheidung der geistigen Führung sein. Je nach Aufgabe kann es vorkommen, dass einzelnen Menschen, welche offen für das Licht der Liebe sind, bereits kurze Zeit vor dem Übergang die Vorgänge der kommenden Zeit mitgeteilt werden. Sobald sich ihre geistige Wahrnehmung öffnet, werden sie wissen, wann und was zu tun ist. Die Menschen werden ihnen gesandt, wenn sie Näheres erfahren dürfen.

Da die erweiterte feinstoffliche Wahrnehmung auch meist mit einer verstärkten körperlichen Sensibilität einhergeht, wird klar, dass die Sinne des Körpers ebenfalls eine Verfeinerung erfahren. So wird intensiver gerochen, geschmeckt und gefühlt, klarer gesehen, getastet und gefühlt. Da die klarere Wahrnehmung im jetzigen Zustand der Erde, in dem so viel Hass und negative Energie herrscht, sehr schwierig ist, bleiben Probleme leider nicht aus. So werden lieblose Gedanken und negative Emotionen manchmal am eigenen Leib gespürt. Dann können die Ohren klingen, da sich viel negative Energie in der Umgebung befindet, oder der Magen drücken, da sehr viel fremde Emotionen wahrgenommen werden.

Meist ist eine Zeit des Übergangs und der Neustrukturierung sehr anstrengend. Sie können auch kein Haus ausmisten, Altes nach Außen und Neues hinein bringen, wenn Sie nicht die Fenster und Türen öffnen, wenn Sie nicht auskehren und viel Staub aufwirbeln, damit alles sauber werden kann. Genau so kann man es sich mit der Aura des Menschen vorstellen, einige Schutztürchen müssen geöffnet werden, um neue Ströme zu verarbeiten. In diesen Zeiten können, wie beim Hausputz, Fliegen, Schnaken, Pollen oder Sonstiges schnell ins Haus gelangen. So kann negative Energie, die ja genau dies im Sinn hat, in das Aura-Haus eindringen und dort Unruhe stiften. Glücklicherweise kommt schnell der 'feinstoffliche Kammerjäger' und wirft alle wieder hinaus. Leider geht das in der Realität nicht immer ohne Energieverlust einher.

Im gegenwärtigen Veränderungsprozess ist es zudem wichtig, immer mehr auf die ersten Impulse zu achten und diese auch wirklich umzusetzen. Es geht darum, sie nicht wieder mit dem Verstand abzuwerten. Sie wollen vielleicht zu einer Verabredung gehen und haben den Geistesblitz, einen Schirm mitzunehmen. Ihr Verstand sagt jedoch in der nächsten Sekunde: „Ach, die Sonne scheint doch!" – und sie lassen ihn zurück. Dann kommt ein heftiges Gewitter, und Sie wären froh um den Schirm. Auch wenn Ihnen das Gesagte noch so seltsam vorkommt, versuchen Sie, diese Impulse immer unmittelbar umzusetzen. Ihre geistige Führung wird sofort spüren, dass Sie mit ihr zusammen diese neuen Wahrnehmungen beachten möchten und wird Ihnen immer deutlicher aufzeigen, was Sie noch tun können, um ihr Leben leichter zu gestalten. Das mag Ihnen vielleicht zu weltlich erscheinen, doch gibt es für unser Leben auch Geisthelfer, die es uns erlauben, den Alltag leichter zu bewältigen. Für das höhere geistige Wohl sind dann wieder andere Wesen zuständig. Diese Führung kann mit der Zeit immer konkreter werden, und Sie lernen so, auch die höheren Impulse der geistigen Führung zu empfangen.

Es kann im Laufe des Tages und vor allem in der Nacht immer wieder vorkommen, dass sich ein Bereich aus der Aura löst, welcher dann in die Verarbeitung gelangen kann, was den morgendlichen Druck auf Ihrer Brust auslöst. Dann fühlt man, dass der Atem schwer wird, die Druckgefühle auf der Brust zunehmen, der Kreislauf schwach zu werden beginnt oder im Gegensatz dazu der Blutdruck steigt. Machen Sie sich dann bewusst, dass wieder eine Auflösung einsetzt. Atmen Sie tief ein und aus, gehen Sie in das Gebet und bitten Sie darum, dass die Christus-Kraft in Ihrem Herzen alle alten Verkrustungen auflösen und das Licht der Liebe stark in Ihnen erstrahlen darf. Die Geistige Welt ist immer bei Ihnen. Seien Sie sich dieser Hilfe und Unterstützung stets bewusst. Sorgen Sie sich nicht, sondern unterstützen Sie die Prozesse.

Es gibt Formen der Entspannung, die Sie sich gönnen können. Hören Sie in Ihr Inneres und gehen Sie in Gedanken die Möglichkeiten durch. Ist Yoga für Sie gut, Meditation oder Joggen? Sorgen Sie vor allem auch für Ihren Körper. Dieser wird in die neue Zeit mitgenommen, und er wird in einer Art und Weise durchlichtet und erhöht, wie er es nie zuvor erlebt hat.

Manchmal kann es geschehen, dass ein Mensch aus einer früheren Inkarnation noch gewisse Verbindungen zu alten „Göttern" hat. Oder er lebte ein zutiefst religiöses Leben und hat sich immer wieder vorgestellt, dass Maria in seiner Aura und in seiner Nähe wacht. Er hat sich vielleicht sogar im Feinstofflichen, aus eigener Gedanken- und Gefühlsenergie, ein Gebilde erschaffen, welches genau die Form aufweist, wie man sich Maria, die Mutter Jesu, vorstellen kann. Dieses Gebilde befindet sich immer noch in der Aura, und es kann vorkommen, dass ein jenseitiger Fopp-Geist dieses Gebilde zum Leben erweckt. Dann wird der Mensch in seiner neu erworbenen, sich noch im Anfang befindenden Hellsichtigkeit das Gefühl haben, Maria wäre tatsächlich bei ihm. Der Fopp-Geist sagt ihm dann noch ein paar „nette Sachen", die er irgendwo aufgeschnappt hat, und mischt dann sein Eigenes hinzu. Lichtblitze zu senden, ist auch für einen Fopp-Geist kein Problem. Solche und ähnliche Erscheinungen sind gar nicht so selten, wie man meinen könnte.

Daher ist es natürlich stets wichtig, das richtige Maß seiner Entscheidung zu finden. Alle Hinweise müssen auf Liebe und Wahrhaftigkeit geprüft werden, so wie wir es im Kapitel über die dunkle Seite notiert haben. Man sollte sich auch bewusst machen, dass es in dieser Zeit des Übergangs nur für sehr wenige Menschen eine echte Aufgabe ist, sich mit höheren Wesenheiten zu verbinden und geistige Durchgaben zu empfangen. Die meisten Menschen sollen in ihrem eigenen Inneren die erforderlichen Impulse wahrnehmen. Sie sollen in sich selbst die Wahrheit finden.

Ist Ihnen aufgefallen, dass Sie in letzter Zeit ein immer stärkeres Gespür für die Wahrheit entwickeln, die Menschen besser beurteilen oder hinter das oberflächliche Geschehen mancher Situationen schauen können? Wird Ihnen zunehmend klarer, wie stark mitunter die Manipulationen von Politik oder Wirtschaft wirken?

Dies ist eine erfreuliche Entwicklung. Der Mensch auf dem geistigen Weg lässt sich nicht mehr so leicht täuschen oder mit fadenscheinigen Informationen hinhalten, sei es durch manipulative Verkaufsstrategien, Überrumpelungstechniken in telefonischen Verkaufsgesprächen oder durch Verkäufer, die einem eine Hose für einen Rock verkaufen wollen. Viele Menschen lassen sich nicht mehr für dumm verkaufen oder über den Tisch ziehen.

Immer mehr Menschen setzen sich für eine bessere Welt oder für mehr Liebe im Umgang mit den Tieren ein. Es wird mehr auf gesunde Nahrung geachtet und versucht, selbst Neuerungen in Systeme wie etwa die Schulen zu bringen. Auch das Bewusstsein wird trainiert, um zu erkennen, was wirklich wichtig ist im Leben. Hier zeigt sich bereits der neue Geist im Menschen, der versucht, sich zu manifestieren. So gut es geht, wird dies von der Geistigen Welt unterstützt, und man kann um Hilfe und Unterstützung auch bitten. Manche Dinge lassen sich nicht mehr verändern, und man sollte daher auch nicht länger gegen sie kämpfen. Sie müssen einfach hingenommen werden, im Vertrauen darauf, dass das alles ein gutes Ende finden wird und eine Erneuerung aus einer höheren Ordnung heraus einsetzt.

Dies ist wohl auch das Geheimnis der Prophezeiungen einiger alter Völker. Die Welt wird in ihrer bisherigen Form durchaus untergehen; und wer noch zu stark an den alten Konzepten hängt, wird beim Übergang kräftig gerüttelt werden oder den Planeten verlassen müssen. Dann wird es *Heulen und Zähnenklappern* geben. Die anderen jedoch, die sich auf ein Leben in Liebe freuen, werden jauchzen und glücklich sein, dass sie endlich in Harmonie den geistigen Weg weitergehen können.

Die Entscheidung, welchen Pfad man jetzt einschlagen möchte, kann man durchaus selber treffen. Die Seele hat zwar bei den meisten Menschen schon entschieden, doch können hier noch Veränderungen stattfinden.

Freiheit ist eine der schwersten Errungenschaften, denn man kann niemanden mehr fragen, ob es so oder so recht ist, sondern man muss die Wahrheit und die Hinweise der Geistigen Welt selbst erfühlen und auch die Verantwortung dafür übernehmen. Dennoch sollen die Menschen frei werden. Das ist ein großes und wichtiges Ziel. Sie sollen immer weniger einen Übersetzer oder Führer vor sich brauchen, sondern eigenverantwortlich und selbstständig die

Ideale der geistigen Führung verwirklichen. Es wäre zwar schön und einfach, wenn es ein Wesen gäbe, das man immer fragen könnte und von dem man wüsste, dass es immer im Dienste Gottes steht. Doch würden sich dann auch unsere persönlichen Wege frei entwickeln? Ab einem bestimmten Entwicklungsgrad ist es notwendig, dass jeder Mensch individuell die Wahrheit fühlt. Man könnte dann meinen, dass dann ja jeder mache, was er fühle, und es gäbe ein großes Durcheinander. Doch genau das Gegenteil ist der Fall: Die Wahrheit Gottes wird dann von allen gleichermaßen wahrgenommen, denn sie bleibt immer gleich. Dann werden Entscheidungen von allen gleichzeitig und im Einklang mit den anderen getroffen.

Das erfordert allerdings große Toleranz und Nächstenliebe für Menschen, die auf diesem Weg noch üben müssen. Die Weisheit der Geistigen Welt wird unser großes Vorbild sein; und manche erwachten Menschen können ein guter Wegweiser sein und die geistigen Tugenden vorleben.

16. DIE SCHWIERIGKEIT, DIE STILLE ZU FINDEN

Viele Menschen fragen sich, warum sie zurzeit so schlecht meditieren können, kaum mehr Ruhe finden und das Gefühl haben, nur noch gehetzt zu sein. Die Zeit rast dahin und man glaubt, nicht mehr mithalten zu können. Ehe man es sich versieht, ist schon wieder ein Monat vergangen – und schon wieder steht Weihnachten vor der Tür.

Dies hat nicht nur mit dem subjektiven Gefühl zu tun, die Zeit würde schneller vergehen als noch vor zehn Jahren, denn die Energiewellen bewegen sich tatsächlich schneller. Ein Verarbeitungsprozess folgt dem anderen, und es bleibt kaum Zeit zur Regeneration oder zur Reflexion des Geschehenen. Dies verursacht auch ein Gefühl des Mangels. Es mangelt uns daran, das Geschehene tief nachzuempfinden und uns Zeit dafür zu lassen. So erscheint die Zeit knapp, da der Wandel nicht mehr allzuweit entfernt scheint und wir uns bereits mitten in den Vorbereitungen dafür befinden. Es ist genau so, als gingen wir morgen mit dem Wohnmobil in Urlaub und müssten noch Lebensmittel kaufen, Wäsche waschen, das Auto reparieren, Einrichten, Putzen, Tanken und vieles mehr. „Schaffe ich das denn alles!", ist das Gefühl, welches einen dauerhaft begleitet. Es ist wie ein ständiges Stress-Potenzial, das einfach nicht zu einem Ende kommt. Daher müssen wir lernen, mit diesem Stress-Potenzial umzugehen! Glücklicherweise kommen immer wieder Zeiten, in denen dieses Potenzial nicht ganz so groß ist. Man darf dann einmal durchatmen und sollte diese Zeit intensiv genießen.

Auch ist der Druck durch die Umwelt und die Energie der aktiven kollektiven Felder sehr groß. So können Felder von Erziehungsmodellen, Kultur-Entwürfen und sonstige Zwangsfelder von Staat oder Religion starken Druck auf den Menschen ausüben, solange er noch in irgendeiner Weise damit verbunden oder an deren Auflösung beteiligt ist. In den Zeiten, in denen große kollektive Felder aufgelöst werden, ist es für sehr viele Menschen besonders schwierig, Ruhe zu finden und eine stille Meditation durchzuführen. Manchmal hängen auch Ahnenseelen in der Aura, die Stress und Druck verursachen, ohne es zu wollen.

Eigene innere Verarbeitungen üben ebenfalls einen energetischen Druck auf das System aus und können sehr anstrengend sein. Manchmal wehren sich auch Bereiche im Menschen dagegen, so ein liebloses Gebilde aufzunehmen oder anzunehmen, obwohl es aus einem eigenen früheren Leben stammt. Die unterbewussten Bereiche können manchmal nicht verstehen, wieso solch eine harte Struktur noch notwendig ist oder sich im System befindet. Dann wehren sie sich, und diese Abwehr ist sehr energieraubend. Sie verursacht Unruhe, die eine stille Meditation auch stört.

Durch alle diese Anforderungen, die zurzeit an den Menschen gestellt werden, und durch all die Aktivitäten, die sich im gesamten Umfeld abspielen, entsteht eine starke Spannung im Schwingungsfeld. Ist man ausgeglichen und ohne Stress, kann man dies vielleicht ausgleichen, aber da der Stress-Pegel insgesamt um einige Striche nach oben geklettert ist, fühlt man sich ständig unter Spannung.

Auch der überall herrschende Lärm, durch Autos, Elektrogeräte, elektrische Gartenwerkzeuge, überall flirrendes und kreischendes Kinderspielzeug oder Flugzeuge, und nicht zu vergessen der Stress durch Elektrosmog, verursacht in seiner Gesamtheit viel Spannung.

Wenn Sie fühlen, dass Sie einfach nicht zur Ruhe kommen, machen Sie sich keinen zusätzlichen Stress. Denken Sie nicht, es sei Ihre Schuld oder Sie seien nicht stark genug, um auf ihrem spirituellen Weg voranzuschreiten, sondern machen Sie sich bewusst, wie viele Vorgänge momentan auf inneren Ebenen ablaufen – und haben Sie Geduld. Vertiefen Sie sich ins Gebet und bitten Sie um Auflösung, Ablösung und geistige Zuwendung. In diesem Buch finden Sie viele Gebete, welche Ihnen bestimmt helfen werden, das richtige Energieniveau wiederherzustellen, damit die göttliche Energie in Ihrem Inneren wieder fließen kann.

Sie können auch auf die folgende Art und Weise zu mehr Ruhe finden: Wählen Sie in nach Ihrem Gefühl in Gedanken eine der folgenden Farben aus, die Sie in der Meditation benutzen möchten: Violett, Blau oder Rosa. Legen Sie sich bequem hin und atmen Sie einige Male tief ein und aus. Legen Sie dann die rechte Hand über den Magen (den Solarplexus) und die linke Hand über das Herz (das Herz-Chakra). Versuchen Sie nun, in Ihrer ganzen Aura und über den ganzen Körper verteilt die gewählte Farbe zu sehen. Fühlen Sie, wie die Farbe alle Verkrampfungen löst und liebevoll Ihr Wesen und Ihre Aura durchdringt. Sie können folgende Worte sprechen:

Höchste Lichtkraft,

von ganzem Herzen bitte ich Dich um Ruhe und Frieden. Bitte durchdringe alle Fasern meines Seins und löse alle Verkrampfungen auf. Lasse das Licht Deiner Liebe fließen und Deinen Segen durch mich strömen, damit der Frieden Deines Geistes stets in mir wirken kann. Bitte schütze mein Wesen vor äußeren Einflüssen und stärke mich auf dem Weg zu Dir.

Von ganzem Herzen danke ich Dir.

17. SCHMERZFELDER

Da der Schmerz eine wichtige Funktion erfüllt und sich in dieser Zeit des Übergangs besonders heftig zeigt, erscheint es sinnvoll, ihm ein eigenes Kapitel zu widmen. Ein Körper, der keinen Schmerz empfinden kann, kann auch nicht überleben. Ein Mensch, der keine seelischen Schmerzen empfinden kann, wird seinen Weg nicht finden.

Man weiß heute, dass ohne die Schmerzempfindung für den Menschen keine Möglichkeit bestehen würde, die Hinweise seines Körpers zu beachten. Wird man beispielsweise von einer Schlange gebissen und merkt es nicht, kann man nicht eingreifen. Ist der Magen entzündet, schmerzte aber nicht, könnte man ihn nicht heilen. Steckt einem ein Pfeil im Rücken, man würde ihn nicht fühlen. Die Folge wäre in den meisten Fällen der Tod des Körpers.

Ein Mensch, der nicht über das Instrument Schmerz von der geistigen Führung gelenkt werden könnte, wäre nicht in der Lage, sich zu entwickeln. Könnte er selbst keine emotionalen Schmerzen fühlen, würde er nie begreifen, wie es ist, anderen Leid zuzufügen. Die Hemmschwelle des Schmerzes könnte nie erfahren werden, und Entwicklung wäre daher nicht möglich. Deshalb ist es wichtig, die Wertigkeit des Schmerzes zu akzeptieren, auch wenn es mitunter schwerfällt.

Das gilt auch für seelischen Schmerz, wenn man etwa eifersüchtig ist und seinen Partner beschimpft, weil man Angst hat, ihn zu verlieren. Doch wer empfindet hier eigentlich Schmerz? Die Liebe, welche doch eigentlich loslässt und Vertrauen hat? Die Liebe würde den Partner/die Partnerin auch gehen lassen, sollte er/sie sich in einen anderen Menschen verlieben. Oder wer ist verärgert, wenn er etwas nicht bekommt, was er unbedingt will oder gar Macht ausüben möchte? Doch immer nur der Eigenwille mit all seinen Facetten, wenn er nicht bekommt, was er sich vorstellt, oder die Umwelt nicht das tut, was er gerne hätte.

Eine andere Art von Schmerz, welchen wir alle schon oft in früheren Leben erleiden mussten, ist der Verlust von lieben Menschen durch Krieg oder Krankheit. Auch Gefangenschaft oder Erniedrigungen haben schmerzhafte Wunden hinterlassen. Wunden, die nicht den Eigenwillen berührten, sondern das ganze Wesen. Hier soll der Mensch Demut und Nächstenliebe erlangen, um das Größere, die Wahrheit hinter den Dingen, zu finden und zu lernen, die Liebe des Höchsten zu empfangen.

Doch welche Gründe auch immer Schmerzen hervorgerufen haben, sie hinterlassen in den meisten Fällen Wunden und Narben. Nicht nur körperlicher Art, sondern auch im feinstofflichen Bereich. Diese werden in den meisten Fällen nicht im gleichen Leben wieder ausgeheilt, sondern in eine neue Inkarnation mitgenommen, wo sie dann gelöscht werden können.

Beim gegenwärtigen großen „Aufräumen" werden viele derartige alte Belastungen und Wunden aufgelöst. In den meisten Fällen müssen die Hintergründe gar nicht mehr beleuchtet werden, da die Seelenteile ihre Lektion bereits gelernt haben, doch oft sind noch Restablagerungen (feinstoffliche Narben und Energieverzerrungen) vorhanden, die nun vollständig aufgelöst werden können. Aus diesem Grund sieht man sehr oft Menschen, die so etwas wie einen feinstofflichen Ring um ihre Brust tragen. Es sind dies die sogenannten „Schmerzringe", welche sich zur Auflösung in den vorderen Aura-Bereich geschoben haben. Sie verursachen auch Bluthochdruck, Brustschmerzen, Stechen in der Brust, Unruhe, Magenschmerzen und Unwohlsein, mitunter auch Kopfschmerzen, wenn Leber, Galle, Niere und Darm die alten Schlacken entsorgen.

Je nach dem Inhalt der alten Programme können bei Frauen beispielsweise starke Hormonstörungen auftreten, wenn sie alte Fehlgeburten oder Unterleibserkrankungen auflösen. So zeigte sich vor kurzem verbreitet ein großes Aufräumen von alten Seuchen. Viele ehemalige Pestopfer wiesen seltsame Hautausschläge auf, welche sich die Ärzte nicht erklären konnten. Allergien traten auf, da das Zellgedächtnis sich an alte Vergiftungen erinnert und sich jetzt gegen die Düngemittel und Pestizide wehrt. Es können die unterschiedlichsten Hintergründe vorhanden sein, doch dienen sie alle dem „Räumkommando für das neue Zeitalter".

Der menschliche Körper wird den Prozess in das neue Lichtreich mitgehen. Er wird ebenso erhöht wie die gesamte Erde. Danach wird alles offenbar, was an Belastungen noch vorhanden ist. Deshalb ist es für die Seele ein großes Anliegen, die restlichen Ablagerungen und Wunden einer Heilung zuzuführen, damit der Übergang leichter vonstatten geht und der Mensch nach dem Zeitenwandel keine Probleme mehr mit alten Belastungen hat. Das zieht leider nach sich, dass wir die Arbeit jetzt zu leisten haben! Gerade jetzt wird durch das allgemeine Aufräumen auch der individuelle Aufräumprozess aktiviert und in großem Ausmaß von der Geistigen Welt unterstützt. Dies ist ein besonderer Liebesakt, da viele hohe Lichtwesen dem strebenden und sich nach Gottes Liebe sehnenden Menschen größte Unterstützung angedeihen lassen. Sie schmelzen für uns mit großer Mühe viele Blockaden und helfen uns, die alten Schmerzen aufzulösen. Sie dürfen dies im Sinne der höheren Führung auch tun, wenn der Mensch in Liebe darum bittet und der Weg für ihn in die nächste Schwingungsebene gesetzmäßig offen steht.

Ein weiterer wichtiger Aspekt ist die Erneuerung und Klärung des Zellgedächtnisses. Vor allem alte oder chronische Erkrankungen aus früheren Leben sind mitunter tief in das Zellgedächtnis eingebrannt. Kommt diese Information an die Oberfläche, lebt die Zelle manchmal die alten Schmerzen und Empfindungen für kurze Zeit nochmals aus, um sie dann für immer zu löschen und zu heilen. Dann entstehen die eigenartigsten Schmerzfelder. Wurde jemand etwa in einem früheren Leben die Hand abgehackt, da er Brot gestohlen hatte, kann eine Zeit des Schmerzes in dieser Hand einsetzen, bis die Speicherung gelöscht ist. Auch Verletzungen im Kampf, die dann das ganze damalige Leben blieben, können zur Verarbeitung gelangen. Mitunter drückt der Körper die alte Erkrankung oder Verletzung nochmals in so starkem Maße aus, dass tatsächlich eine „reale" Symptomatik eintritt. Dann muss man sich natürlich helfen lassen und zum Arzt gehen. Da sich die alten Schmerzen und Verletzungen ja auf der Körperebene ereigneten, entscheidet manchmal der Körper, sie auch auf dieser Ebene wieder aufzulösen. Dann wird man wirklich nochmals krank, um danach aber vollständig gesunden zu können.

In der neuen Zeit wird es keine Krankheit mehr geben. Der Mensch muss nicht mehr über Körperschmerzen lernen oder gar in seiner Charakterentwicklung durch seelischen Schmerz vorwärts geschoben werden. Das Streben nach Höherem ist so stark, dass es der Schmerzen im herkömmlichen Sinn nicht mehr bedarf. Das ist eine schöne Aussicht.

Ein äußerst heftiges Schmerzfeld ist auch jenes, welches unser Planet zurzeit empfindet. Man nennt dieses Bewusstsein in einigen Überlieferungen Gaia – Mutter Erde. Ohne Zweifel haben bereits die alten Völker gewusst, dass unser Planet ein eigenständiges Wesen ist, was sich auch im Volksmund äußert: „Die Erde wird sich schon zu helfen wissen!" Man meinte damit, dass die Natur als Ganzes – Mutter Erde – sich schütteln oder aufbäumen würde, um den Menschen zu zeigen, dass Einhalt geboten werden müsse.

Ein etwas makabrer Witz, der im Weltall spielt, drückt dies humorvoll aus: Treffen sich zwei Planeten. Der eine sieht völlig zermartert aus, ist voller dunkler Waben, ausgepowert und fix und fertig. Fragt der andere ihn: „Mei, was hast Du denn?" Sagt der Angesprochene: „Ich habe Homo Sapiens!" Da bekommt er zur Antwort: „Oh, das tut mir leid für Dich, aber mach Dir nichts draus, das geht vorüber!"

Glücklicherweise ist unser Planet uns zwar sehr wohlgesonnen, kann aber die dunklen Machenschaften bald nicht mehr ertragen. Auch die Tiere und die feinstofflichen Lebewesen leiden stark unter den Misshandlungen, Ausbeutungen und Lieblosigkeiten. Hier haben sich starke Schmerzfelder aufgebaut, die teilweise von sensiblen Menschen aufgenommen und wie die eigenen gefühlt werden. Nicht selten weisen sie uralte Verbindungen ins Tier-, Mineral- oder Pflanzenreich auf und mitunter sogar alte Kontakt in die feinstofflichen Reiche der Elemente. Dann fühlen diese Menschen sozusagen mit und erleben die Schmerzen, welche im jeweiligen Bereich empfunden werden. Das ist zutiefst schmerzhaft – und das Leid ist wirklich groß.

Noch ein weiterer Aspekt spielt sich ebenfalls auf der Zellebene sowie in den Chakras ab. Bereits jetzt fließt auf den Planeten Erde immer wieder ein großer Strahl reinen Lichtes ein. Dieses Licht löst nicht nur kollektive Muster auf, sondern hilft auch dem Körper, sich auf die neue Schwingung vorzubereiten. Innerhalb dieser Einströmungen werden die Zellen verstärkt mit Licht bestrahlt und die Membrane der Chakras gedehnt. Dies verursacht mitunter Unbehagen, da die Zelle dieses Vorgehen nicht gewohnt ist. Jahrtausende wurde sie nicht so stark bewegt und durchlichtet, wie es sich in dieser Zeit abspielt. Dieses Licht holt zum einen natürlich nochmals alte Speicherungen an die Oberfläche, zum anderen wird die Zelle mit dem Genmaterial auf die neuen Strukturen vorbereitet. Die Schutzgitter der Chakras werden geweitet und darauf vorbereitet, das höhere Niveau von Energie auszuhalten und zu wachsen. Dies führt oft zu körperlicher Erschöpfung und manchmal auch zu Schmerzen am ganzen Körper. Man hat das Gefühl, als wäre man bis auf die Knochen ermüdet und weiß gar

...nt, wie einem geschieht. Vor allem nach dem Aufwachen kann sich dieses Gefühl ausbreiten und zeigen.

Doch auch hier kann man sich mit der Hilfe des Gebetes auf mehr Nähe zur geistigen Führung einstellen und kann die Lichtwesen bitten, die alten Speicherungen mit aufzulösen und den Körper auf die neue Schwingung vorzubereiten. Die Geistige Welt hilft gerne und wird alles unternehmen, um dem Menschen ihre Nähe fühlen zu lassen.

Das folgende Gebet kann bei der Suche nach Hilfe aus der Geistigen Welt eingesetzt werden. Bitte legen Sie hierzu die Hände über dem Herzen übereinander, mit den Handflächen auf den Körper.

Höchste Schöpferkraft,

in Deine vollendete Weisheit legen wir unser ganzes Sein. Wir bitten Dich aus ganzem Herzen um Deine Hilfe und Deinen Segen, um alle alten Schmerzen aufzulösen. Bitte stehe uns bei in der Aufarbeitung und Ablösung aller alten Anhaftungen und erfülle uns mit dem Gefühl der Geborgenheit. Wir wünschen uns geistige Freiheit und sind bereit, auch unseren Beitrag dafür zu leisten.

Bitte erlöse uns von den alten Belastungen, damit wir mit freiem und freudigem Herzen Deiner Liebe entgegeneilen können. Mögen die Ablösungen auch schwierig und anstrengend sein, wir sind bereit, alles dafür zu geben, damit wir Deiner Fürsorge würdig sind. Bitte erfülle uns mit Deinem Segen und lasse unser Inneres in Deiner Liebe strahlen. Wir danken Dir von Herzen.

18. GEHIRN-UMPOLUNG UND ZELLVERÄNDERUNG

Genauso wie das Gehirn seine Kapazität derzeit nur mit etwa zehn Prozent ausschöpft, wird auch unser genetisches Material nur mit zehn Prozent genutzt. Das erscheint seltsam. Sind wir nicht in der Lage dazu? Hat der „Schöpfer" bei der Erschaffung der Körper bereits alles vorbereitet, nur wir sind mit unserer Entwicklung erst bei zehn Prozent? Man könnte meinen, das sei ein bisschen wenig. Dennoch war es wohl für jenen Schwingungsgrad und jene Lichtfrequenz, die sich bis jetzt auf der Erde befand, ausreichend. Die Vorausschau, wie viel Potenzial noch in uns steckt, wenn wir alle Anlagen einmal nutzen können, macht Hoffnung.

Manche Wissenschaftler verfahren mit dem noch ungenutzten beziehungsweise noch nicht erkannten Genmaterial in der Weise, dass sie es kurzerhand als „Genmüll" bezeichnen. Doch die Weisheit des Schöpfers erschafft sicher keine menschliche Müllhalde. So denkt der Mensch nicht an seine eigene begrenzte Wahrnehmung, sondern bezeichnet das Unbekannte einfach als Müll. Auch das Gehirn ist noch lange nicht erkannt oder gar vollständig gedeutet. Die Forschungen gehen zwar voran, dennoch weiß man noch relativ wenig über die wirklichen Vorgänge. Mitunter werden durch die Computer-Tomographie bestimmte Bereiche sichtbar gemacht, die in den entsprechenden emotionalen Situationen reagieren, doch das Warum und Wieso ist noch lange nicht erkannt.

Wie schon beschrieben, weiß man inzwischen aus der Quantenphysik, dass der Beobachter der Quantenteilchen ihre Bewegung und den Ort ihrer Ankunft lenkt. Somit ist der Beobachter der Erschaffer der Realität. Stellen Sie sich vor, der Mensch besäße das Potenzial, die Materie zu beherrschen, bereits bei seiner

Geburt. Wie unbewusst würde er sich die ersten Jahre einsetzen und welches Chaos würde er anrichten. Wenn wir über die Macht verfügten, Materie zu beeinflussen, hätten wir da nicht manchmal dem langsam fahrenden Vordermann den Reifen zerstochen, einen rabiaten Jugendlichen in den nächsten Teich verfrachtet oder Maschinen zum Explodieren gebracht, da sie mit ihrer Lautstärke unsere Ruhe stören?

Doch welches Karma hätten wir uns dadurch wieder aufgebürdet? Deshalb kann man von Glück sagen, dass uns diese Macht, solange wir noch so stark an die Wirren des Lebens und an die Angriffe der dunklen Seite gebunden sind, nicht zuteil wurde.

Doch dies wird sich im neuen Zeitalter ändern. Durch die neu einströmenden Lichtenergien werden bereits heute mehr Anteile in unserem Gehirn in Schwingung versetzt und auch weitere genetische Verbindungen hergestellt. Würde man bei diesen Menschen das genetische Material und die Gehirnaktivität untersuchen, würde man mit Erstaunen feststellen, dass von ihnen bereits ein höherer Prozentsatz als allgemein üblich genutzt wird.

Dies birgt natürlich für den Menschen eine weit größere Verantwortung, und sie wird im Vorfeld auch nur den Menschen anvertraut, die sich nicht mehr emotional von der dunklen Seite aufwühlen lassen. Aus diesem Grund werden die Menschen auch immer wieder geprüft, wie intensiv ihr emotionales Aufwallen noch ist. Trägt der Mensch noch Teilbereiche seines Wesens in sich, welche durch Einflüsse von außen in Wallung geraten, wird ihm dies aufgrund der derzeitigen Offenlegung aller Wahrheiten genau vor Augen geführt. Deshalb widerfahren manchen Menschen auch so viele ungute „Zufälle". Die eigenen Teile werden dadurch aktiviert und können genau in oder nach solchen Situationen begreifen, dass alle Aufwallungen und Gegenwehr einfach keinen Sinn ergeben und der Frieden des Höchsten das allein anstrebenswerte Ziel sein muss.

Dies ist ein wichtiger Punkt im Verständnis des Geschehens. Wenn Ihnen selbst viele solcher sogenannter Widrigkeiten widerfahren, versuchen Sie immer, die Situation in Liebe zu betrachten und Ihre Emotionen zu beruhigen. Man könnte sie als Schleifsteine sehen, als Lernhinweise, um noch mehr Gleichmut im Herzen zu lernen.

Auch ist es wichtig, dass keine größeren Aura-Verdichtungen mehr vorhanden sind, da sie die Hinweise aus der Geistigen Welt verdrehen und der Mensch dann nicht klar erkennen kann, wie er in der entsprechenden Situation handeln sollte, um im Willen des Schöpfers zu schwingen. Keine eigenwilligen Konstrukte dürfen mehr vorhanden sein, ansonsten kann kein klarer Empfang von oben erfolgen. Dann kann man nicht wirklich ein Diener des Höchsten sein.

Da in der neuen Zeit für alle Menschen ein weit größeres Potenzial des Gehirns und des Gen-Materials zur Verfügung steht, wird auch dafür auf der geistigen Ebene bereits Vorsorge getroffen. Diese Dehnung, Erweiterung und Vorbereitung geht am Menschen nicht immer spurlos vorüber. Prüfungen werden ihm auferlegt und Hinweise gegeben, die, wenn er sie richtig einzusetzen lernt, ihn auf seinem Weg kraftvoll unterstützen. Aber auch Kopfschmerzen, starke Erschöpfung oder Widerwillen gegen andere Menschen können ebenso auftreten wie Unwohlsein, Magen-Darm-Störungen oder mitunter auch Verstimmungen, die leicht an depressive Einstellungen erinnern. In der neuen Zeit wird ganz besonders im Moment der Einstrahlung der göttlichen Lichtwelle dieses Potenzial erschlossen. Genau in dem Moment wird die hellsichtige Wahrnehmung geöffnet und das Gen-Material von allen alten Belastungen, wie etwa Erbkrankheiten, befreit und eine gute Gesundheit programmiert. Auch die Zell-Alterung wird entscheidend verändert und der geistig erwachte Wille des Menschen wird im weiteren Verlauf einmal die Macht haben, diese Entwicklungsebene aus eigener Erkenntnis zu verlassen.

Das Gehirn wird dahingehend umgepolt, in der neuen Zeit ein weit größeres und anders geartetes Spektrum an Informationen aufzunehmen. Wenn Sie beispielsweise bei sich bemerken, dass sie Namen von Orten oder Menschen vergessen oder sich an manche Dinge gar nicht mehr richtig erinnern können, dann wird ihr Gehirn wahrscheinlich bereits umgepolt. Dann werden, wie in einem Computer, die Dateien restauriert, die Festplatte erneuert und unwichtige Speicherungen gelöscht. Die Entscheidung, welche Informationen enthalten bleiben und welche gelöscht werden, ist sehr individuell. Da der neue Prozess noch nicht eingeleitet und der alte noch nicht abgeschlossen ist, kann es hier immer wieder zu Momenten der Vergesslichkeit kommen, da die neuen Prioritäten noch nicht klar sind.

So können wir momentan erleben, wie auf der geistigen Ebene für die entsprechenden Menschen alles vorbereitet wird, damit ein beträchtlich höherer Anteil von Gehirn und genetischem Material genutzt werden kann. Da der ganze Planet sich in einer erweiterten und höheren Schwingung befindet, wird sich auch die Körperhülle dem entsprechenden Umfeld immer besser anpassen und in einer höheren Schwingung leben. Deutlich höhere Frequenzen und Einstrahlungen durchziehen dann den menschlichen Körper. Man könnte sagen, dass diese hohe und lichtvolle Schwingungseinstrahlung den Menschen wieder in die feinstoffliche Welt emporhebt, aus der sie durch den „Zweiten Fall" herausgefallen war. Dies ist ein großer Schritt auf dem Weg zurück ins Göttliche Lichtreich.

Für einige Menschen, die sich noch nicht für diesen Weg entscheiden können, lieber über Hab und Gut verfügen möchten, Macht anstreben oder den kurzlebigen Annehmlichkeiten der dunklen Verführung anheimfallen, wird diese Wandlung nicht eintreten. Sie befinden sich auch in dieser Zeit der großen Vorbereitung noch immer auf dem Weg des Materialismus. Hier kann man sehr deutlich die Unterscheidung der Geister wahrnehmen. Zwar kommt es immer wieder vor, dass Menschen zu Lernzwecken nochmals kurzfristig zur dunklen Seite neigen, um sich dann vollkommen zu lösen, doch viele Erdenbewohner sind noch nicht bereit, um den nächsten Schritt zu machen. Dann taucht schnell das Bild von den drei Jungfrauen und ihren Öllampen auf: Die einen hatten Öl in der Lampe, die anderen nicht. Wenn das Öl mit dem Sehnen nach Gott und der Löslösung von niederen Aspekten gemeint ist, kann dieses Gleichnis in diesem Sinne bestimmt eingesetzt werden.

Haben Sie nicht auch in letzter Zeit bemerkt, dass Ihnen viele Menschen auf einmal gar nicht mehr so sympathisch sind? Dass scheinbare Freunde Sie unter Druck setzen und Forderungen stellen, durch die Sie sich bedrängt fühlen? Haben Sie dann vielleicht einfach keine Lust mehr, Ihre Zeit mit diesen „Ego-Menschen", die nur über sich reden wollen, zu vergeuden? In dieser Zeit kommt alles ans Licht, auch die inneren Ausrichtungen aller Menschen.

Das Interessante dabei ist, dass diese Menschen manchmal ihre verwirrten Vorstellungen gar nicht wirklich begreifen. Sie fühlen sich immer noch richtig und wichtig und erkennen gar nicht, dass Ihnen die Freunde davonlaufen und das Positive entweicht. Sie weisen sogar noch den anderen die Schuld zu, nur nicht sich selbst. Die Scheidung der Geister kann dann sehr deutlich wahrgenommen werden.

Doch nicht nur Menschen zeigen ihr wahres Gesicht und die Wahrheit hinter ihren Ausrichtungen, auch Firmen, ganze Staatsgefüge, politische Parteien, scheinbar soziale Einrichtungen sowie Gemeinschaften und Organisationen offenbaren in der Einstrahlung der neuen Wahrheitsenergie ihr wirkliches Gesicht. Alles muss ans Licht, alles kommt zur Erkenntnis, und der Mensch kann sich ein gutes Bild der Dinge vor Augen führen und die Wahrheit so klar erkennen wie noch nie zuvor. Das tut mitunter weh, besonders wenn man erkennt, dass nahestehende Menschen gar keine geistigen Interessen zeigen. Doch auch hier ist es wichtig, Toleranz und Nächstenliebe zu entfalten und jeden Menschen auf dem Weg zu lassen, den er sich selbst gewählt hat. Man sollte seine Ausrichtung akzeptieren, ohne dauernd missionarisch eingreifen zu wollen oder gar ihn von seinem Weg abzubringen. Die Gewährleistung des freien Willens ist auch für manches geistige Wesen, welches gerne helfen will, nicht immer leicht zu akzeptieren, und dennoch muss dies das oberstes Gebot sein. Geht man als Mensch dagegen vor, muss man die Konsequenzen, die sich daraus ergeben, selbst tragen. Ein Mensch, der noch nicht für den Lichtweg bereit ist, kann auch nicht dahin getragen werden. Stellt man ihn dort wieder auf die Beine, bricht er zusammen und fällt meist noch tiefer auf die Gegenseite zurück. Dann hat man gar nichts erreicht, sondern die Situation verschlimmert.

Die Vorbereitungen für die Nutzung der neuen Kapazitäten erfordern einen großen energetischen Einsatz. Viel Kraft geht dort hin, was nicht selten die Erklärung ist, warum man oft das Gefühl hat, man sei immer nur müde und erschöpft und habe für den Alltag kaum noch Energie übrig.

Auch hier kann das Gebet eine große Unterstützung sein. Das nachstehende kurze Gebet kann Ihnen in Situationen, in denen Sie stark gefordert sind, eine Hilfestellung leisten:

Unendliche Liebe,

bitte erleuchte, durchdringe und stärke mich. Schenke mir Kraft und Segen auf meinem Weg zu Dir. Lasse den Schutz Deiner Liebe stets mit mir sein. Danke in Liebe.

19. DAS GEFÜHL DER ÜBERFORDERUNG

Durch die Vielzahl der geschilderten energetischen Vorgänge und durch den immer intensiver werdenden Druck von außen bleibt ein Gefühl der Überforderung in der gegenwärtigen Umbruch-Situation leider nicht aus.

Wirkt das Ego oder ein verkrustetes altes Muster, ist der Mensch oft unfähig, die freigesetzten gewaltigen Energieschübe unter Kontrolle zu bringen. Auch wenn alte karmische Reste zur Verarbeitung gelangen, können diese einen großen Druck ausüben, obwohl sie gar nicht mehr in das jetzige Lebensgefüge passen. So kann es geschehen, dass Frauen, die sich von ihren Männern trennen und ihr Lebensgeschick selbst in die Hand nehmen, plötzlich von uralten Ängsten überschwemmt werden, über welche sie im ersten Moment gar keine Kontrolle haben. Hier wirken alte Muster, die noch den Inhalt haben, dass eine Frau ohne einen Mann nicht überleben kann. In früheren Zeiten war das tatsächlich auch oft der Fall. Eine alleinstehende Frau genoss keinerlei Ansehen in der Gesellschaft, konnte selbst nicht arbeiten gehen oder ihren Unterhalt bestreiten und war „Freiwild" für andere Männer. Gerät eine Frau heute in solch eine Situation, kann das alte Muster nochmals hervortreten, obwohl sie heute genügend verdient und im jetzigen Dasein alle Voraussetzungen für ein Leben auf eigenen Füßen vorweisen kann.

Da die Geistige Welt, in Übereinstimmung mit der eigenen Seele, in noch nie dagewesener Art und Weise versucht, den Menschen von allen alten Mustern und Bindungen zu befreien, wird deutlich, dass hier sehr viel Löslösung und Arbeit stattfindet. Durch die Ablösung von kollektiven Feldern, durch das Verarbeiten von letztem persönlichen Karma und die Erneuerung des körperlichen Gefüges gerät der Mensch in einen starken Verarbeitungsprozess. Dieser Prozess verbraucht auf der geistigen Ebene sehr viel Energie, weshalb für den Alltag, für die täglichen Bedürfnisse, nur wenig übrig bleibt.

Dieses Fehlen von Energie für den eigenen Alltag wird oftmals vom Menschen als gegen sich gerichtet betrachtet, doch das ist ganz und gar nicht so. Der Mensch hat nur ein bestimmtes Maß an Energie zur Verfügung, zum einen für den persönlichen Energiebedarf, zum anderen zur Mithilfe am Gesamtgeschehen. Auch das gesamte Energiegefüge des Planeten besitzt nur ein bestimmtes Ausmaß. Diese energetischen Gesetze können noch nicht aufgehoben werden, auch wenn der Einzelne dies bereits verdient hätte. Das Bedauern der Geistigen Welt hierüber ist immer wieder zu erspüren. So gut sie können, vermitteln uns die lichten Helfer immer wieder ein Gefühl von Zuversicht und Vertrauen. Sie können nur bis zu einen gewissen Maß eingreifen, denn für die große Mithilfe müssen auch sie warten, bis sich die neue Schwingung auf der Erde gänzlich durchgesetzt hat.

So fühlt sich der Mensch mitunter alleine und leidet an Energiemangel. Doch er darf sich sicher sein, dass er an einem der wichtigsten Prozesse der Menschheit beteiligt ist und die Geistige Welt ihm eng zur Seite steht. Versuchen wir deshalb, auf die Weisheit und Gnade Gottes zu vertrauen und sie als Liebe im Inneren wahrzunehmen.

Machen Sie sich bewusst, dass Sie nicht alleine stehen. Viele Menschen fühlen wie Sie und „kämpfen" sich durch die Mühen des Alltags.

Das nachfolgende Gebet kann im Alltag oder unterwegs gesprochen werden. Legen Sie dazu die Hände aufeinander, die ausgestreckten Finger nach oben.

Vollendete Weisheit,

in Deine Hände legen wir unseren Geist und bitten Dich mit allen Fasern unseres Seins um Deine Kraft und Deine Hilfe, damit wir den Weg zur Auflösung aller Prozesse gehen können. Bitte erfülle uns mit Deinem Segen, damit die Kraft und Liebe Deiner Fürsorge unaufhaltsam durch unser ganzes Wesen strömt. Wir bitten Dich um das Glück Deiner Nähe und wünschen uns nichts sehnlicher, als von Deiner Zuwendung getragen zu sein. Wir danken Dir von ganzem Herzen.

20. SUCHTVERHALTEN

Haben Sie auch an sich selbst bemerkt, dass in Ihnen immer wieder eine Tendenz wahrnehmbar ist, welche sie gerne ablenken möchte von den Anforderungen und Wirren des Alltags? Sie kommen am Abend nach Hause und möchten sich einfach nur noch vor den Fernseher „knallen" und gar nichts mehr tun? Sie haben manchmal das Gefühl, Sie hätten keine Energie mehr übrig, um für sich selbst etwas zu unternehmen oder gar noch etwas zu arbeiten? Oder Sie fühlen, dass Sie, obwohl Sie vor zehn Jahren schon aufgehört haben zu rauchen, genau jetzt wieder anfangen möchten?

Alle diese Tendenzen sind in vielen Fällen Versuche von geschwächten Teilen, sich wieder etwas zu "gönnen". Sie wollen irgendwie wieder das Gefühl herbeiholen, sich geborgen zu fühlen und zu genießen, da sie das Gefühl haben, vor lauter Arbeit gar nicht mehr zum Leben zu kommen. Ein Gefühl von Unsicherheit macht sich breit, da man im Inneren spürt, dass sich etwas Großes ereignet, aber noch nicht wirklich weiß, was es ist. Der Körper, das Unterbewusstsein und all die unsicheren inneren Bereiche, die genau spüren, dass große Veränderungen anstehen, fühlen sich mitunter an ihre Grenzen gebracht. So gerne hätten sie wieder das „Altbekannte", das Gewohnte zurück. Man müsste sich nicht umstellen, würde schon alles kennen und sich dadurch geborgen fühlen. Der Mensch neigt nun einmal dazu, den einfacheren Weg zu gehen, und die Körperhülle geht ohnehin gerne den leichteren Weg. Das spürt man auch daran, dass ein Muskel, der nicht benutzt wird, schnell abbaut und daher etwa nach einem Bruch mühsam wieder aufgebaut werden muss. Der Körper in seiner jetzigen Energiephase ist träge, und der Geist hat mitunter Mühe, diese Trägheit zu überwinden und auf die Anforderungen der Seele und des

Geistes auszurichten. Das ist im derzeitigen Zustand ganz normal. Man muss es nur wissen, dann kann man auch verantwortungsbewusst damit umgehen und sich „aufrappeln", auch wenn dies nicht immer einfach ist.

Im Laufe vieler Inkarnationen hat der Mensch die Erfahrung gemacht, dass ein Leben überaus schwer verlaufen kann. Die Härten des Alltags, Kriege, Missgunst, Neid und viele negative Auswirkungen können das Leben erschweren. Um dies auszugleichen, lernten die Menschen zu feiern. Sie lernten, ausgelassen die Härte und Schwere des Lebens für eine Weile über Bord zu werfen, obwohl sie genau wussten, dass dies nur eine Illusion darstellt und am nächsten Tag alles wieder vorhanden sein würde. Der Alkohol muss beispielsweise dann auch noch von der Leber und über das Gemüt mühsam abgebaut werden. Dennoch bedurfte der Mensch immer wieder der Phasen des Abstands von der Lebenshärte. Er bekam dadurch das Gefühl, doch eine Perspektive für die Zukunft zu haben und immer wieder ein Stück Glück und Frohsinn leben zu können.

Im inneren Kern jeder Zelle ist diese Information enthalten, und in Zeiten von Stress und Überforderung versucht das Unterbewusstsein verstärkt, sich solche Zustände wieder zu beschaffen, damit es sich wenigstens kurze Zeit wieder „gut" fühlen kann. Das hat auch damit zu tun, dass Siege und Erfolge in früheren Zeiten immer mit Festen gefeiert wurden.

Man weiß auch, dass in Kriegszeiten den Soldaten mit Alkohol über die Angst hinweggeholfen und die natürliche Hemmschwelle so gesenkt wurde. Sie sahen die Gefahr nicht mehr so genau und folgten den Befehlen ihrer Heerführer. Hatten Sie dann einen Sieg erreicht, wurde wieder gefeiert – mit Alkohol, Frauen, übermäßigem Essen und teilweise mit Drogen. Dieses Glücksgefühl des Sieges wird dann im Inneren gerne mit den äußeren Faktoren in Verbindung gebracht. Außerdem wird durch genussreiches Essen ein Glückshormon im Gehirn freigesetzt, was eine geschwächte Seele gerne zu erlangen versucht.

Mit grober Gewalt gegen solche inneren Tendenzen vorzugehen, ist sicher nicht der Weg. Manchmal kann man diese Neigungen zulassen, doch sollte man das rechte Maß finden.

Auch das Fernsehen wird teilweise als suchtartige Freizeitbeschäftigung betrieben. Die Schwingungen, welche ein Fernsehapparat ausstrahlt, ähneln zu Bruchteilen dem Entspannungszustand, welchen das Gehirn ausstrahlt, wenn es sich tief entspannt. Deshalb wird so gerne auf dieses Medium zurückgegriffen, auch um nicht mehr so sehr über die Übelkeiten des Lebens nachdenken zu müssen. Endlich will niemand mehr etwas von einem, man muss nicht mehr denken oder sich gegen Angriffe von Kollegen wehren. Dies soll nichts gegen eine rechte Nutzung des Fernsehens sagen. Das Maß ist entscheidend und der Hintergrund, mit dem der Apparat eingeschaltet und genutzt wird. Die Nachrichten überschütten einen ohnehin fast nur mit Negativität. Dazu gesellen sich Manipulationen bestimmter Einflussgruppen, um den Menschen in ihre Gedankenrichtung zu zwängen.

Auch durch Computerspiele versucht sich der Mensch gerne abzulenken. Teilweise kann man sich so in eine andere Welt versetzen, und manche mögen die Realität gar nicht mehr sehen.

Wichtig ist das Bewusstsein, mit welchem die inneren Suchtneigungen beachtet werden. Seien Sie nicht zu streng mit sich selbst, sondern versuchen Sie zu verstehen, dass sich hier ein unsicherer Teil Ihres Wesens bemerkbar macht, der noch nicht vollständig die Kraft aus der Liebe Gottes zu ziehen vermag. Er sucht noch in alten und weltlichen Dingen seinen Trost und kann nur schwer umgehen mit den Anforderungen, die täglich an ihn gestellt werden. Seien Sie liebevoll mit Ihren inneren Teilen und reden Sie immer wieder mit ihnen. Mit der Zeit werden auch diese Bereiche

Vertrauen aufbauen und können mit Ihnen gemeinsam den Weg gehen, ohne sich scheinbar gegen Sie zu wenden. Auch wenn die Bereiche längere Zeit benötigen, Sie sollten nicht mit Härte gegen diese Ausrichtungen vorgehen. Diese fühlen sich schon genug in die Enge gedrängt, überfordert und teilweise auch schlecht behandelt. Gehen Sie nun als Mensch gegen die eigenen Teile zu hart vor, verkrampfen sich diese noch mehr und man erreicht gar nichts, außer noch härtere Gegenwehr.

Auch hier ist die Liebe, die Nachsicht, das oberste Gebot. Liebe zu Gott, zu seinem Nächsten und zu sich selbst.

Das folgende Gebet kann gesprochen werden, um sich von der Geistigen Welt intensiver helfen zu lassen, die vorhandenen Suchtneigungen aufzulösen. Legen Sie bei diesem Gebet beide Hände mit gestreckten Fingern übereinander, die Handflächen zum Körper, auf den Solarplexus.

Höchste Liebeskraft,

mit dem innigen Wunsch nach geistiger Freiheit und dem aufrichtigen Streben zu Dir bitten wir Dich von ganzem Herzen um Kraft für unsere noch schwachen Teilbereiche. Bitte erfülle sie mit Deinem Segen und mit Deiner Kraft, damit sie fortan im Zeichen Deiner Liebe schwingen können und nicht mehr Halt in irdischen Dingen suchen. Bitte stärke Sie mit den Kraftwellen Deiner Fürsorge, damit sie die Liebe fühlen, die von Deiner Vollkommenheit ausgeht. Erlöse uns von allem alten Suchtverhalten und lösche Angst und Zweifel aus unserem Wesen. Von ganzem Herzen danken wir für Deine Liebe und Deine Hilfe.

21. ESSVERHALTEN

Viele Menschen sind mit ihrem Gewicht unzufrieden. Sie nehmen immer mehr zu, und trotz aller Bemühungen, sich mehr zu bewegen oder bewusster zu ernähren, erzielen sie keine Erfolge. Sie fühlen sich wie in einem Teufelskreis, aus dem sie kein Entrinnen sehen. Immer sichtbarer häufen sich die Pfunde auf den Hüften, die Kleider spannen und man fühlt auch keine Kraft in sich, aufwändige Diäten, die letztendlich doch nichts bringen, durchzustehen. Dann hört man immer wieder vom „Steinzeit-Programm", welches immer noch nicht überwunden wurde, welches sicher in einem gewissen Rahmen zu den Problemen beiträgt und in der jetzigen Zeit auch aufgelöst werden muss.

Einer der Hintergründe dafür ist der, dass zu bestimmten Zeiten die Kraft, sich besonders intensiv zu bewegen, um den Stoffwechsel anzukurbeln, auf der geistigen Ebene für die Aufarbeitung alter Lasten und die Umstellung auf die neuen Energien benötigt wird. Dies berührt natürlich das gesamte Energieniveau des Menschen und vermittelt ihm ein Gefühl der Schwäche, die man gerne mit Genuss ausgleichen möchte.

Ebenso kann es sein, dass sich der Körper bereits auf die Energien der neuen Zeit umstellt, in der beträchtlich weniger an Nahrung zu sich genommen wird. In der neuen Zeit wird hauptsächlich pflanzliche Nahrung an der Tagesordnung sein – und auch nur ein Bruchteil des heutigen Bedarfs. In der neuen Zeit wird der Körper von mehr Lichtenergie ernährt und erhält seinen Bedarf verstärkt aus den feinstofflichen Energien. Nüsse, Beeren, Obst und Gemüse werden an oberster Stelle stehen. Auch die Pflanze selbst wird nur in wenigen Fällen als Ganzes verzehrt. Tiere werden nicht mehr gegessen, sie werden als Mitbewohner der verwandelten Erde betrachtet.

Das mag sich für einen Gourmet eher weniger angenehm anhören, doch darf man nicht vergessen, dass in der neuen Zeit ein hohes Maß an Liebe herrscht und das menschliche Miteinander überaus liebevoll sein wird. Man wird sich in einer solchen emotionalen Fülle befinden, dass man das heutige gemeinsame Genießen von Nahrung nicht mehr im gleichen Maß benötigt. Ein Kontakt mit einer geistigen Wesenheit kann dann ein solches Ausmaß an Glück bescheren, dass an Nahrungsaufnahme gar nicht mehr gedacht wird. Auch wenn die Vorbereitungen zur Aufnahme von Lichtenergie in der neuen Zeit verstärkt werden, sollten Sie diesen Prozess in der anstrengenden Umstellungszeit nicht mit Gewalt durchsetzen wollen. Das wäre ein erhebliches Stress-Potenzial für den Körper, was er Ihnen vermutlich lange nicht verzeihen würde. Sie stören sogar den natürlichen Prozess und bauen sich Blockaden auf, die mühsam wieder abgebaut werden müssen.

Manchmal kommt man abends nach Hause und hat das starke Verlangen, sich etwas Gutes zu gönnen. Der gesamte Tag war voller Mühe und Anstrengung, und die Menschen haben alle mit sich selbst zu tun, was ein bewusstes Miteinander in der jetzigen Zeit sehr erschwert. Übellaunigkeit und schlechte Stimmung sind nicht selten an der Tagesordnung. Man richtet sich dann ein schönes und leider meist kalorienreiches Abendessen her, was das Abnehmen nicht gerade erleichtert. Dies hat damit zu tun, dass das stete Gefühl der Überforderung neutralisiert werden soll und der Mensch sich einfach wohl fühlen möchte. Das ist natürlich verständlich, doch man sollte auch hier das rechte Maß finden. Vielleicht sollte man erst einmal meditieren, wenn man nach Hause kommt, um den gröbsten Stress abzubauen.

Der Körper hat in den letzten Tausenden von Jahren so etwas wie die bevorstehende Umstellung, Durchlichtung und Umstrukturierung noch nie erlebt. Er fühlt sich manchmal vielleicht sogar angegriffen und in seiner bisher geschützten Lebenswelt bedroht. Er kennt die neuen Energien noch nicht, und wenn im Umfeld zu starke Spannungen vorhanden sind, wehrt er sich sogar gegen die Veränderung. Man darf nicht vergessen, dass der Körper der dichteste Teil unseres gegenwärtigen Lebens ist. Die Materie ist der dichteste Bereich und hat deshalb die größten Veränderungen durchzumachen. Auch sind manchmal kollektive Verbindungen in alte Felder vorhanden, die nicht nur vom Menschen beeinflusst werden, sondern auch den Menschen rückwirkend beeinflussen und ihn ganz konkret in den alten Strukturen und Energien festhalten wollen. Dann kämpft sogar das ganze Feld gegen die Erneuerung, da es noch nicht verstanden hat, dass sich alles zu etwas Lichterem und Besserem hinentwickeln möchte. Man weiß, dass sich festgefahrene Strukturen nicht verändern möchten. Sie fühlen sich bedroht und glauben sich angegriffen, da sie ja bis zum jetzigen Zeitpunkt anscheinend etwas Falsches gelebt haben. Sie begreifen nicht, dass Wachstum immer Veränderung mit sich bringt und deshalb das Alte nicht schlecht war, sondern im Gegenteil dringend notwendig, damit Entwicklung überhaupt stattfinden kann. Je mehr man sich dies bewusst macht, umso leichter können die alten Programme aufgelöst und zur Erkenntnis gebracht werden. Auch hier sollte allerdings kein Zwang, sondern Erkenntnis die Triebfeder zur Veränderung sein.

Vielleicht spielen aber auch alle Faktoren gemeinsam eine Rolle oder wechseln sich zeitweise ab. Die Umstellung des Körpers findet leider selten ohne Nebenwirkungen statt. Doch wenn man sie kennt, kann man unter Umständen sogar mit seinem Körper kommunizieren und ihm die Ängste vor der Veränderung nehmen. Durch die Meditation und die Hinwendung an höhere Energien im Gebet kann man sich durch die Nähe zur Geistigen Welt und zur Göttlichen Führung den Prozess etwas erleichtern.[*]

---

[*] Vgl. dazu Manuela Oetinger, *Leicht Sein*, Grafing 2007

Die Arbeit mit dem Körper ist einer der schwersten Bereiche des großen Wandels. Deshalb kann das Einströmen des neuen Liebeslichtes nur in enger Harmonie mit den Engeln stattfinden. Es ist eine große Gnade Gottes, dass er diesen Wandel und diese Erhöhung einleiten wird. Ohne diesen Schritt würde die *dunkle Seite* die Welt vielleicht vollständig ins Chaos stürzen. Ziemlich deutlich zeigt sich ja bereits, dass unsere Umwelt in ihren politischen, gesundheitlichen, schulischen, sozialen und den meisten anderen Bereichen so stark verfahren ist und sich außerhalb der Liebe befindet, dass eine Erneuerung aus sich selbst heraus gar nicht mehr möglich ist. In den meisten Bereichen geht es gar nicht mehr um den Menschen selbst, denn die Tendenz ist nicht **für** den Menschen, sondern **gegen** ihn. So kann es nicht weitergehen, und obwohl sich viele Menschen um Erneuerung und mehr Liebe bemühen, kann „der Karren nicht mehr aus dem Dreck" gezogen werden. Die Verschmutzung der Umwelt, die Abholzung der Wälder und die veralteten Gesundheitssysteme sind derart große Problemfelder, dass man sie ohne „Hilfe von oben" nicht mehr bewältigen kann.

Deshalb sollte der Transformations-Prozess und die kommende Durchlichtung als höchste Gnade angesehen werden, die Mithilfe der Engel für die Auflösung negativer Energie als größter Liebesdienst und die Arbeit an sich selbst und seinen Mitmenschen als intensive Bemühung, den eigenen Teil zur Wandlung beizutragen.

22. ALTE BINDUNGEN AUFLÖSEN

Wenn man sich die verschiedenen Kulturen und Religionen auf unserer Erde betrachtet, wird klar, wie viele unterschiedliche Vorschriften und Lebensrichtlinien zu allen Zeiten den Mitgliedern, Gläubigen, Versklavten, aber auch den Führern vorgehalten wurden. Jede Volksschicht hatte sich so und so zu verhalten und diese und jene Richtlinie zu befolgen. Teilweise wurden Missachtungen mit dem Tode bestraft, was ein Fehlverhalten natürlich zu einem schweren Vergehen machte und somit vom Gewissen mit aller Kraft zu umgehen versucht wurde; denn beim Nichtbefolgen der Vorschriften hat man keine Chance mehr auf den Einlass in den Himmel.

Ganz besonders intensiv wirken noch die alten Schwüre und Treueeide nach, die zur damaligen Zeit in der Gesinnung abgegeben wurden, dass sie absolut der Wahrheit entsprachen. Eine gute Seele hat sich diese Schwüre besonders stark zu Herzen genommen, was eine Auflösung gerade deshalb erschwert. Religiöse Bindungen, vor allem an alte Kulte, die mit Blut besiegelt wurden, hängen manchmal noch mit Bruchstücken in der Aura. Auch alte Folterungen, durch welche „Wahrheit oder Treue" erzwungen wurde, prägen sich durch den Schock tief in das Gefüge eines sensiblen Menschen ein.

Nicht selten stehen hinter solchen Schwüren noch sogenannte „Wächter". Diese verkünden noch immer, „Wenn Du jemals diesen Schwur brichst, soll dich die ewige Verdammnis oder der Teufel holen!" Dann empfindet das Unterbewusstsein Angst vor der Auflösung und stellt sich dagegen.

...ch alte Dienstschwüre kommen immer mehr zur Auflösung. Herrscher ließen stets die Massen schwören. Selbst Hitler ließ die Menschen noch im 20. Jahrhundert Schwüre ablegen. Auch Verwünschungen und Verfluchungen, die vom Menschen selbst ausgesprochen worden sind, können noch das Energiefeld blockieren.

Manche alten Treuegelübde sind auch mit Schutz versehen: „Wenn Du mir dienst und ewig treu bleibst, wirst du immer beschützt werden." Das ist scheinbar eine schöne Vorgabe, und in Zeiten der Unsicherheit will sich mancher unterbewusste Teil daran festhalten. Doch auch dann ist der Halt und die Kraft Gottes gefragt, welche die alten Bindungen aufzulösen vermag.

In dieser großen Zeit des Wandels und der Loslösung werden alle alten Bindungen an die Oberfläche gebracht, die sich noch in irgendeiner Weise im System befinden. Man braucht vor dieser Auflösung auch keine Sorge zu haben, denn die Geistige Welt beschützt diese Vorgänge und wird sich auch um die sogenannten Wächter kümmern. Sobald ein Mensch um Loslösung bittet, damit die notwendige Erfahrung, welche die Situation bringen soll, gemacht und alle restlichen Energien abgetragen werden können, wird alles aufgelöst werden.

Innerhalb solcher Auflösungsprozesse kann sich natürlich immer wieder die alte Angst in das Wahrnehmungsfeld schieben, welche entsteht, wenn der Mensch die alten Weisungen nicht mehr befolgt. Deshalb ist es manchmal wichtig, ungute Gefühle oder nicht nachvollziehbare Ängste einfach loszulassen. Am besten ist es, sie wahrzunehmen, zu erkennen, anzunehmen und um die Christus-Kraft zu bitten, damit alles liebevoll und im rechten Sinne aufgelöst werden kann.

Nicht immer sind solche heftigen Hintergründe vorhanden, wenn alte Bindungen aufgelöst werden. Oft sind es auch Erziehungsmuster oder soziale Vorschriften, die keine solche starken Emotionen auslösen. Doch auch diese Vorstellungen sind sehr bindend. So kann das Programm, es allen recht machen zu müssen, bereits ein sehr ungutes Gefühl in Gang setzen, wenn man auf die neue „freie" Stimme hört, auch einmal „Nein" sagt und fühlt, dass dies richtig ist. Dennoch ist das gegensätzliche alte Programm vorhanden, was zu sehr unangenehmen Impulsen führen kann.

Wenn ein Mann in einem früheren Leben ein Zölibatsgelübde abgelegt hat und nach seiner Heirat ständig ein schlechtes Gewissen verspürt, das er noch nicht einmal benennen kann, dann zeigt sich hier ein alter Hintergrund, der nochmals betrachtet werden muss. Hier kann ein grundsätzliches Befreiungsgebet die richtige Maßnahme sein, um die alten Bindungen durch die Christus-Kraft erlöst zu bekommen.

Jetzt ist die Zeit der Loslösung von allen alten Bindungen. Nicht immer waren derartige Bindungen schlecht. Sie boten auch Halt und haben dem unsicheren Menschen eine Richtung gegeben. Sie vermittelten ihm Heimat oder haben ihn gelehrt, was richtig im Leben ist und was nicht. Dennoch sollten alle alten Bindungen aufgelöst werden, da wir uns kollektiv in eine Zeit der Freiheit voranarbeiten. Keine Seele soll mehr mit alten Feldern verbunden sein, sondern nur noch mit den höheren Energien. Keine Seele sollte mehr über längst vergangene Felder mit anderen Menschen verbunden sein. Freiheit im Geiste ist das Ziel, damit die Impulse aus der Geistigen Welt unverändert und ungetrübt in das Bewusstsein des Menschen gelangen und ihm die notwendigen Weisungen für ein lichtvolles Leben geben können.

Das folgende Gebet kann Ihnen innerhalb einer Meditation eine Hilfe sein. Bitte wenden Sie die geöffneten Handflächen innerhalb dieser Meditation stets nach oben.

Höchste Schöpferkraft,

aus tiefstem Herzen bitten wir Dich um die Auflösung aller alten Bindungen. Bitte befreie uns von allen von uns selbst gesprochenen Schwüren und Eiden, seien sie auch mit rechtem Gewissen geleistet, und erlöse uns von allen Anhaftungen. Bitte löse auch alle Gelübde auf, die wir von anderen entgegengenommen haben, damit wir keine Seele mehr binden und auch selbst in Freiheit leben können. Bitte lösche die alten Wächter-Energien und bindenden Vernetzungen, damit wir mit freiem Geist Deiner Liebe entgegeneilen können. Mit großer Liebe geben wir unser Sein in Deine Hände und bitten Dich um die Freiheit unserer Seele. Wir danken Dir für Deine Liebe.

23. MATERIE UND BESITZ

Hinter der Anziehungskraft der Materie verbirgt sich eine Lernaufgabe, ein Bewusstseinsweg, in dem sich die Auswirkungen des Egos spiegeln, wenn man den mythischen Fall aus dem Gottesreich als Grundlage des menschlichen Weges annimmt. Doch nicht nur die Heimkehrer werden auf diesen Weg gesandt, auch Wesen oder Seelen aus anderen Entwicklungsebenen können diesen Erkenntnisweg über die Materie gehen.

Der Mensch musste auf dieser Erde bislang alleine um sein Überleben „kämpfen", da er dies durch seine Trennung von Gott und den Sturz aus dem Lichtreich selbst verursacht hatte. Der Eigenwille ist, neben dem reinen Erkenntnisweg, die Ursache aller Kämpfe ums Überleben und des daraus resultierenden **Mangelbewusstseins**.

Wenn man die Geschichte betrachtet, wird schnell deutlich, wie schwer die Menschen für ihr Überleben arbeiten mussten, wie hart der Boden bebaut wurde und welchen Einsatz es erforderte, damit die Menschen über den Winter kamen. Doch nicht nur diese Lernaufgabe bedrängte die Menschen, sondern auch die dunkle Seite des Daseins, welche den arbeitenden Menschen ihren Verdienst wegnehmen wollte, war überall vorhanden. Die dunkle Seite im Menschen scherte sich nicht um Ethik und Moral. Mit aller Grausamkeit wurde überfallen, gemordet und gestohlen, was man haben wollte. Somit musste das mühsam Erarbeitete, welches gerade einmal das Mangelbewusstsein erfüllte, auch noch gegen Feinde verteidigt werden.

Menschen, die kein Land besaßen, welches sie bebauen konnten, oder keine Möglichkeit erkannten, ihren Lebensunterhalt zu verdienen, sahen sich einer existenziellen Angst gegenüber, wie sie schrecklicher kaum zu fühlen war. Hier verstärkte sich das Mangelbewusstsein nur noch mehr. Für den Menschen war es ein natürliches Bedürfnis, die Eltern und die eigenen Kinder innerhalb eines Clans zu versorgen. Besonders die Männer übernahmen die Rolle des Versorgers und kämpften mitunter mit dem Einsatz ihres Lebens um die Familie und deren Erhalt im harten Daseinskampf. Frauen übernahmen die innere Versorgerrolle. Sie kümmerten sich um die Familie und halfen beim Anbau. Somit war Besitz zu allen Zeiten für die meisten Menschen das Mittel, mit dem sie und ihre Familien überleben konnten. Dass sich Besitz-Bedarf und Habgier bald die Hände reichten, ist ein anderes Kapitel. Auch konnte man sich mit einem Mehr an Besitz über andere Menschen stellen, sie beherrschen oder in Abhängigkeit halten. Hier wurde bereits die negative Seite gepflegt.

Heute, im Angesicht einer kommenden neuen Zeit, ist es wichtig zu verstehen, warum der Mensch ein solch starkes Bedürfnis nach Besitz und somit nach Materie entwickelt hat. Sie bedeuteten für ihn das Überleben. In der neuen Zeit wird es solch ein Bedürfnis nicht mehr geben. Alle Menschen werden erhalten, was sie zum Überleben benötigen – und noch mehr. Es wird ihnen ein Leben in Liebe und Harmonie mit der neuen Erde geschenkt. Es wird möglich sein, mit der Pflanzenwelt, den Pflanzen-Devas, zu kommunizieren, und sie werden von sich aus alles tun, um dem Menschen das Überleben zu sichern. Es wird keine rauhen Klimazonen mehr geben, und das Pflanzenwachstum wird überall gut gedeihen können.

Durch die Lichtnahrung, wie sie zum Teil in der neuen Zeit die Körper versorgt, wird für den Menschen die Kraft zum Überleben stets fühlbar vorhanden sein. Die Liebe Gottes erfüllt das Innere, was jegliches Mangelgefühl verhindern wird. Der Überlebenskampf hat ein Ende, und der Mensch ist der allgegenwärtigen Versorgung mit den göttlichen Energien ein großes Stück nähergekommen.

Haftet dem Menschen in seinem feinstofflichen System noch irgendeine Auswirkung aus alten Zeiten an oder trägt er noch Seelenteile in sich, die vom alten Mangelbewusstsein beherrscht werden, wird ihm auch dies in der gegenwärtigen Verarbeitungs- und Vorbereitungsphase aufgezeigt. Vielleicht wird er beraubt, verliert seinen Geldbeutel mit allen wichtigen Dokumenten oder wird arbeitslos. Eventuell werden auch finanzielle Zuwendungen gestrichen. Egal mit welcher Situation die geistige Welt den Menschen wachrütteln und freibekommen will, es wird sicherlich schwer. Jeder wird an die Grenzen seiner Existenzangst geführt, hat aber dadurch die Möglichkeit, sich von allen alten Bindungen in die Materie zu lösen. Das ist wichtig zu verstehen, denn wenn beim Übergang in das neue Lichtreich alle Restfelder aufgelöst werden, wird er von den Aufwallungen dieser Auflösung nicht mehr erreicht. Er kann ohne weitere Probleme vorwärts schreiten und kann das Gefühl des Behütet-Seins viel schneller erreichen als Menschen, die noch an Materiefelder gekettet sind.

24. GELDSYSTEME

Das Geldsystem, wie wir es gegenwärtig kennen, wird es in der neuen Zeit nicht mehr geben. Die Geldmärkte und Zinssysteme, welche teilweise völlig außer Kontrolle geraten sind, werden in den Schwingungen der neuen Zeit nicht mehr existieren können, und der Mensch wird sie auch in keiner Weise weiter am Leben erhalten wollen.

Viele Menschen spüren in ihrem Inneren bereits, dass dieses System nicht menschenfreundlich ist, sondern der dunklen Seite immer mehr Spielraum bietet, welchen diese bereits dankbar eingenommen hat. So drängt die dunkle Seite den Geldmarkt und die daran Beteiligten mit Scheinwahrheiten oder manipulierten Informationen genau in die Richtung, die ihr gerade beliebt. Firmen werden von Menschen unterwandert, welche sich der dunklen Seite verschrieben haben, und sie manipulieren den Weltmarkt nach ihrem Gutdünken. Auf Menschlichkeit wird nicht mehr geachtet, und so muss mancher Afrikaner, der sich einen Kühlschrank auf Kredit kauft, teilweise bis zu 34 % Zinsen bezahlen, damit die westlichen Anleger genügend Rendite „erwirtschaften" können. Doch kann es gerecht sein, wenn Menschen, die häufig nur die Nutznießer von einst tatsächlich erarbeiteten Vermögenswerten sind, immer nur Zinsen erhalten, ohne im Leben noch selber zu arbeiten?

Früher bezeichnete man den Zins als gottlos. In seiner krassen Form mag das sogar richtig sein, doch haben alternative Geldmärkte bereits eine vernünftige Lösung gefunden. Menschen, welche ihr selbst verdientes Geld in Firmen investieren, die mit diesem Geld einen Profit erarbeiten, können diesen an die Geldgeber anteilig ausbezahlen. So bleibt das Geld nie als Spekulationsanlage liegen, sondern bewegt sich immer und belebt das System. Habgier wird nicht gefördert, indem auf dem Konto immer mehr Geld angehäuft wird, welches in Wahrheit gar nicht vorhanden ist, sondern es wird als sich bewegende Energie in das Leben eingefügt.

Auch wenn das alternative Geldsystem, welches als komplementäre Währung, wie beispielsweise der „Chiemgauer", immer mehr Zuwachs findet, bereits die ersten Impulse für die neue Zeit darstellt, wird es dennoch in den neuen Lichtenergien nur in noch weiter veränderter Form fortbestehen. Es wird eine Art Tauschmittel vorhanden sein, welches jedoch nicht in Banken lagert, sondern stets im Umlauf ist. So wird es den Beruf des Bankiers, wie er im heutigen Sinne gesehen wird, nicht mehr geben. Auf der inneren Ebene sind die neuen Aufgaben bereits angelegt, und die meisten Menschen können nach dem Zeitenwandel endlich daran arbeiten und das verwirklichen, was sie schon immer gerne wollten.

Es wird in der Zukunft nicht mehr nötig sein, Reichtümer anzuhäufen, die man doch nicht in die geistigen Reiche mitnehmen kann, und es existiert auch kein Gefühl des Mangels mehr, welcher die Menschen zurzeit noch antreibt, um „überleben" zu können. Es hat niemand mehr nötig, sein Ansehen mit Geld darzustellen, da die Ausstrahlung seiner Aura bereits genügend Aufschluss über seine innere Einstellung gibt. Durch sie wird der Mensch der Zukunft seinen gesellschaftlichen Platz finden und durch sein Streben nach der höheren Energie, welches den wahren Sinn der Schöpfung offenbart.

Es bedarf dann keines äußeren Reichtums mehr, denn der Mensch ist innerlich reicher als je zuvor. Es wird ihm alles gehören, was das Leben zu bieten hat.

25. NEUE WEGE DES ZUSAMMENLEBENS

Solange Menschen das Zusammenleben oder das Zusammensein mit anderen dazu benutzen, um ihre Bedürfnisse zu stillen oder ihr Ego zu befriedigen, kann ein wirklich liebevolles Miteinander nicht funktionieren. Solange Menschen auf ihr Ego pochen oder verlangen, dass ihre Vorstellungen erfüllt werden, ob sie nun gerechtfertigt sind oder nicht, so lange werden sich die Selbstloseren gegen die Egomanen wehren. Solange dauernd Druck ausgeübt und Lob gefordert wird oder das kleine Selbstwertgefühl ständig durch andere aufgewertet werden muss, ist ein Miteinander extrem anstrengend.

Dann ist es verständlich, wenn sich die „Jungen" davonschleichen und ihr eigenes Leben leben wollen oder Beziehungen auseinandergehen, da der eine immer nur auf die Erfüllung seiner Vorstellungen bedacht ist. Andere wagen es kaum, etwas dagegen zu sagen, lieber ergreifen sie die Flucht. Auch in Wohngemeinschaften wird, wie man es leider immer wieder hört, die Arbeit nur von einigen wenigen erledigt. Die einen produzieren den Dreck, die anderen räumen ihn weg. In solchen Fällen kann eine Gemeinschaft nicht funktionieren.

Könnte man miteinander konstruktiv sprechen, sich seine Fehler mitteilen und würde dann an sich arbeiten, um sogleich den negativen Charakter zu verändern, wäre eine Grundlage zur Gemeinsamkeit vorhanden. Doch nur in wenigen Fällen ist dies gegeben, da viele Menschen gar nicht daran denken, den „inneren Schweinehund" zu verändern und sich liebevoll in eine Gemeinschaft einzufügen. Dann bleibt alles an denen hängen, die sich gerne für die Gruppe aufopfern und ihren Einsatz bringen. Doch auch hier können sich manchmal innere Fehlausrichtungen verbergen. Gibt jemand zu viel, ohne auch an sich zu denken, kann es sein, dass er sich dadurch ebenfalls Lob holen will, sich brüsten möchte für seine Nächstenliebe und dies im Grunde nicht mit wirklich ehrlichem Herzen tut, sondern um gut dazustehen. Auch das geht auf Dauer nicht gut, da dem wahren inneren Wesen daran gelegen ist, alle fordernden Ausrichtungen ins Bewusstsein zu bringen.

Bereits jetzt können manche Menschen Veränderungen in sich fühlen und verspüren, dass Sie sich eigentlich nach einer Gemeinschaft sehnen, obwohl sie noch nicht wissen, wie dies praktisch aussehen könnte. Sie fühlen sich einsam, da sie bereits im Inneren wahrnehmen, dass ein liebevolles Miteinander möglich wäre, jedoch noch nicht gelebt wird.

Aufgrund der Energien der neuen Zeit werden sich hier alle Pforten für ein liebevolles Miteinander öffnen. Alles ist dann möglich: Das einsame Leben in der Abgeschiedenheit oder auch ein gemeinschaftliches Miteinander, in dem jeder Einzelne seinen wichtigen Beitrag leistet.

Es werden sich verschiedene Gemeinschaften bilden, welche sich in ihrer Zusammensetzung nicht etwa an Verwandtschaftsverhältnissen orientieren. Diese spielen nur eine kleine Rolle. Viel wichtiger ist das Wahrnehmen der Gesamtenergie, welche ein Gruppe ausstrahlt.

Innerhalb dieser Gruppen müssen nicht alle Menschen täglich das Gleiche tun, so wie es heute der Fall ist. Heute muss jeder Einzelne einkaufen, dann kochen, aufräumen, putzen, Gartenarbeit verrichten (falls vorhanden), Reparaturen erledigen und vieles mehr. Jeder verdient sein Geld nur für sich und muss schauen, wie er durchs Leben kommt. In der neuen Zeit werden die Aufgaben aufgeteilt. Es ist sehr interessant wahrzunehmen, dass sich innerhalb einer Gruppe, die bereits im Geist vororganisiert ist, immer die entsprechenden Menschen einfinden, welche die jeweiligen Vorlieben für bestimmte Arbeiten in sich fühlen. So gibt es in der Gemeinschaft entweder einen Mann oder eine Frau, die es lieben, die Nahrung zuzubereiten. Sie decken und schmücken den Tisch. Wieder andere pflegen die Pflanzen, welche das Essen spenden, und sind für den Boden und den Anbau zuständig. Noch anderen macht es große Freude, alles sauber zu halten, was sie als Dienen empfinden und nicht als Arbeit. Weitere pflegen wunderschöne Blumen und studieren die neuen Formen der Pflanzenwelt.

Dann gibt es Menschen, die sich sehr für neue Formen der Technik interessieren. Sie erhalten von außerirdischen Wesen neue Instruktionen und entwickeln mit großer Hingabe neue Maschinen. Diese neue Technik dient dem Menschen, sie ist nicht auf das Ausbeuten der irdischen Ressourcen ausgerichtet, sondern wird mit neuen, uns bisher unbekannten Energieformen gespeist, welche in keiner Weise die Erde verschmutzen.

Wieder andere kümmern sich um die Tiere, welche in inniger Harmonie mit dem Menschen leben wollen. Jegliche Arbeiten sind aufgeteilt, und es gibt niemanden, dem seine Aufgabe nicht große Freude bereitet. Keine Disharmonien sind vorhanden. Die Auren strahlen in schönen Farben, da jeder seine „Berufung" für sich gefunden hat. Diese waren auf geistiger Ebene bereits angelegt, und es finden sich nun die Menschen zusammen, die in ihrer Gemeinsamkeit genau zusammenpassen. Geld ist in dieser Gemeinschaft nicht länger notwendig. Alles wird gemeinsam aufgeteilt, und es besteht kein Mangel mehr. Hat jemand ein besonderes Bedürfnis, macht es den anderen sogar Freude, ihm dieses zu erfüllen.

Es wird Menschen geben, welche in so besonderer Art und Weise das Licht der Liebe ausstrahlen, dass die Gemeinschaft ihnen einen besonderen Führungs-Status in der Gruppe einräumen wird. Sie sind in ihrer Entwicklung bereits weit fortgeschritten, und ihre geistigen Kontakte in die höchsten Ebenen sind für alle wahrnehmbar. Sie stehen in enger Harmonie mit dem Schöpfergeist und werden auch aufgesucht und um Rat gefragt, wenn es etwas zu entscheiden gibt, was der einzelne Mensch in seinem Inneren nicht so deutlich als höhere Weisung wahrnehmen kann. Liebevoll wird er instruiert und geschult werden. Eine Demokratie im heutigen Sinne wird es nicht geben, da alle spüren, dass die Aussagen jener Menschen, die am hellsten strahlen, von solcher Nächstenliebe und Weisheit geprägt sind, dass deren Entscheidungen immer der Gemeinschaft dienen und keiner der anderen diesen Grad des Wissens bereits verwirklicht hat.

Ähnlich strahlende Menschen werden die Aufgabe übernehmen, über das spirituelle Wohl der Gemeinschaft zu wachen. Sie bereiten tägliche Andachten vor, welche zu Ehren Gottes und zur Verinnerlichung und Reifung der Menschen abgehalten werden. Je nach Bedarf wählen sie Themen aus, welche die Gruppe für ihre inneren Reifeprozesse gerade jetzt benötigt, und inspirieren die Menschen mit höheren Werten.

Man könnte meinen, dass Menschen dies nicht zuwege bringen können und erst mühsam ausgeklügelt werden muss, wer welches Aufgabengebiet übernimmt, doch man darf nicht die Weisheit und Vorbereitung der Geistigen Welt vergessen. Sie ist es, welche besonders am Anfang die Wege der neuen Lichtmenschen führen wird, bis sich die neue energetische Struktur besser eingespielt hat.

Auch innerhalb von Partnerschaften kann man ein liebevolleres Miteinander verspüren. Die Seelen sind frei, auch wenn sie sich mit einem Partner zusammengefunden haben, um Kinder zur Welt zu bringen und das Leben gemeinsam zu meistern. Auch in der neuen Zeit werden Kinder geboren. Die Schwangerschaften und Geburten verlaufen jedoch weder schmerzhaft noch muss man fürchten, ein Kind zu verlieren oder sonstige Krankheiten zu durchleiden. Krankheit wird in der neuen Zeit nicht mehr notwendig sein, da der Mensch im aufrichtigen Streben nach Gott lebt und keine

Weisungen mehr über die Körperebene benötigt. Außerdem wird jede emotionale und gedankliche Regung, welche zurzeit noch den Körper erkranken lässt, sofort im Ansatz erkannt und kann gar nicht mehr bis auf die dichtere Ebene des feinstofflichen Körpers gelangen. Jegliche Verdichtung und Verdunkelung wird sofort in der Aura gesehen und kann bearbeitet werden. Der Körper erfreut sich großer Gesundheit, und die Lebenserwartung wird beträchtlich höher sein.

Besonders am Anfang des großen Umbruches werden Engel, wunderschöne Lichtwesen und feinstoffliche Gottesboten, welche auf anderen Planeten leben, sich liebevoll dem Erdenmenschen zeigen können. Sie stehen hilfsbereit und mit großem Engagement dem Menschen zur Seite, um ihm zu helfen, vor allem die Übergangszeit durchzustehen und sich an die neue Entwicklung des Lebens zu gewöhnen.

Dieser Zustand, den die Menschen auf der durchlichteten Erde erleben, kann sicherlich mit dem Paradies verglichen werden, aus dem sie in einer früheren Entwicklungsepoche gefallen waren und in welches sie hoffentlich bald, durch die Kraft des Höchsten, wieder zurückkehren können. Dann ist die tiefste Ebene durchschritten und die Heimkehr in die feinstoffliche Welt wieder allen Erdenkindern möglich. „So folget mir nach!", sagte daher Jesus Christus, „ich werde Euch die Wege bereiten!"

26. DIE LAUEN WERDEN DEN UMBRUCH VERPASSEN

Dieser Satz hört sich vielleicht im ersten Moment lieblos an, und man könnte meinen, dass Gott hier seine Strafe für „Nichtbefolgen seiner Weisungen" ausdrücken möchte, doch es geht nur um eine ganz klare Gesetzmäßigkeit.

Jeder Mensch, der an sich arbeitet, seine alten karmischen Verkrustungen, seine negativen Verbindungen und seine lieblosen Muster auflöst, bringt seine Schwingung in eine höhere Frequenz. Dieses Streben ist mit viel mühevoller Arbeit verbunden. Der freie Wille ist hier die entscheidende Grundlage. Nur wer wirklich aufsteigen will, nur wer wirklich nach Höherem strebt, wird durch viele Prüfungen gehen, wird viele Erfahrungen durchleben und mit so mancher bitterer Erkenntnis auch die Vorgänge und Machenschaften der dunklen Seite am eigenen Leib erfahren müssen. Dieses Bemühen, diese harte Arbeit wird einst auch belohnt werden, denn sie drückt das ernsthafte Streben des Menschen aus, sich zu ent-wickeln aus den einengenden Karma-Banden der Schule des Lebens. Hinter dieser Entscheidung steckt Liebe, aufrichtiges Bemühen und eine starke Kraft, welche mit einer intensiven Energie die Aura durchströmt.

Ein „lauer" Mensch kann diese Intensität nicht erreichen. Er wird dahindümpeln auf den faden Wellen des Lebens, welche ihm zwar keine großen Prüfungen zutragen werden, ihn aber auch nicht wachsen oder höher steigen lassen. Trägheit ist ein schweres Übel und zeigt deutlich auf, dass Gott nicht wirklich gesucht wird. Deshalb kann er auch nicht erreicht werden. Selbst die Hilfe und so mancher innere Impuls, den die geistige Führung ihm zukommen lässt, um ihn aufzuwecken, läuft am Ende fade und geräuschlos, ohne Wirkung zu erzielen, aus dem System hinaus.

Ein Mensch, der den PFAD betritt, hat die Wahrheit erkannt und möchte auf dem geistigen Weg vorwärtsschreiten. Er empfindet das Bedürfnis nach höherer Liebe und möchte sein inneres Potenzial erwecken. Das ist anstrengend! Das fordert Einsatz! Es muss Altes mit viel Mühe und Arbeit abgetragen werden. Mit großer Anstrengung wird er dann besonders in der jetzigen Zeit des Übergangs mit seinen Altlasten umgehen. Dabei kann sich Erschöpfung breitmachen, doch auch wenn die Persönlichkeit mitunter klagt und wirklich leidet, dient das ganze Geschehen dennoch der Seele auf ihrem Weg zu Gott und zu einem leichteren Übergang in die neue Schwingung des Lichtes.

Machen Sie sich allerdings keine Gedanken, wenn das Gefühl in Ihnen auftaucht, Sie würden zu wenig tun. Sich zu prüfen, ist immer wichtig, doch wenn Sie nicht suchen würden, würden Sie dieses Buch nicht lesen. Sie sind vermutlich im Moment so stark mit inneren Aufräum-Aktionen beschäftigt, dass sie für das bewusste äußere Streben nicht so viel Zeit und Energie erübrigen können. Seien Sie sich dennoch bewusst, dass Sie inmitten einer aktiven und liebevollen Übergangszeit stehen, die zwar ganz besonders schwer und anstrengend ist, jedoch ein ganz wichtiges und überaus bedeutendes Ziel vor sich sieht: Den Übergang in ein neues Zeitalter! Ein Zeitalter, in dem es keine karmischen Auswirkungen mehr geben muss und die Menschen in großer Liebe zusammenleben werden, ohne sich zu verurteilen oder einander ausnutzen zu wollen.

Es kann durchaus sein, dass ein Mensch mit 98% seines Wesens mit großem Einsatz an seiner Transformation arbeitet und alles annimmt, was seine Seele derzeit für ihn vorsieht, dennoch können 2% in ihm noch lau sein. Vielleicht haben diese lauen Teilbereiche in früheren Existenzen Schweres durchlebt und sind einfach so erschöpft, dass sie nichts mehr hören und sehen wollen. Diese 2% werden Ihnen sicher nicht den Übergang verwehren, dennoch können sie das System schwächen und noch ein Einlasstor für ähnlich geartete Schwingungen sein. Versuchen Sie dann, mit ihnen zu arbeiten und prüfen Sie sich immer wieder, welche negativen Emotionen und Gedanken in Ihnen noch vorhanden sind.

27. EIN AUSBLICK IN DIE ZUKUNFT

Auch wenn sich die Zeit bis zu dem bevorstehenden Ereignis noch etwas hinziehen kann und selbst wenn die Verarbeitungsprozesse noch mühsam und anstrengend sind, so erscheint uns diese Zukunft doch sehr erstrebenswert. Manch einer mag jetzt einwenden, dass dies alles zu schön erscheint, um wahr zu sein, doch was sollten alle unsere Bemühungen und Lernerfahrungen für einen Sinn haben, wenn wir nicht einem wirklichen Ziel entgegenstreben würden. Ob es sich genau so ereignen wird oder ob sich die Zukunft noch etwas verändert, müssen wir offen lassen, doch zeigen alle Wege und alle Hinweise nach wie vor in die aufgezeigte Richtung.

Nicht nur durch die alten Überlieferungen oder die Hinweise aus den heiligen Schriften sind wir bereits aufmerksam gemacht worden, sondern vieles in der Gegenwart deutet darauf hin, dass die Welt einem großen Ereignis entgegenstrebt. Nicht nur weil sichtbar wird, dass es so wie bisher in keiner Weise mehr weitergehen kann und die dunkle Seite anscheinend immer mehr Macht erhält, sondern es ist auch im Inneren ein Umbruch fühlbar. Der bevorstehende Neubeginn lässt sich überall wahrnehmen und erspüren. Auch Menschen, die von dieser Art Information nichts wissen wollen, ahnen, dass sich global eine Veränderung ereignet oder etwas „in der Luft" liegt. Vielleicht lassen die stark materiell ausgerichteten Menschen sich zu sehr von Weltuntergangs-Szenarien leiten, doch würde dies nicht der Liebe Gottes entsprechen. Diese Welt wird nicht untergehen, sie wird erhöht werden mit all den Menschen und Lebewesen, welche das Licht der neuen Zeit bereits in sich tragen und von ihm vorbereitet werden.

So wird sich nach der großen Lichteinströmung die Welt in einem solchen Ausmaß verändern, wie wir es uns kaum vorstellen können. Ob sich die Erde vor dem großen Wandel noch „schütteln" muss oder ob sich mit dem Übergang noch gewisse Reinigungsprozesse einstellen, werden wir wohl erst wissen, wenn es so weit ist. Wir können im Gegenzug wohl auch nicht erwarten, dass eine Geburt und ein Neubeginn ohne Nebenwirkungen abläuft. Dazu haben wir den Planeten zu sehr ausgebeutet und beansprucht. Doch wenn sich weiterhin die Liebe in großem Maß ausdehnt und das Licht sich verbreiten kann, wird es ohne Zweifel einen sanften Übergang geben. Die Erde wird sich dann schneller in eine höhere Schwingung erheben.

Die Menschen werden in der neuen Lichtenergie mit einem feinstofflicheren Körper leben, der nicht mehr krank wird. Es muss nicht mehr über körperliche Hinweise gelernt werden, sondern das Bewusstsein ist so wach und offen, dass die innere Suche und das geistige Streben der alleinige Impulsgeber sein werden.

„Und der Tod wird nicht mehr sein!" Auch diese Prophezeiung wird sich verwirklichen, da der Mensch ganz bewusst in das neue Leben, in den neuen feinstofflichen Körper eintritt und diesen auch weiter erhöhen kann, wenn er die notwendige Reife erlangt hat. Ansonsten kann er erneut inkarnieren und seinen Leib nach den geistigen Gesetzen auch wieder verlassen. Dieser wird dann der neuen Erde zurückgegeben.

Auch das Zusammenleben der Menschen wird eine Form des Miteinanders zeigen, welche von Nächstenliebe und gemeinsamem Streben geprägt ist. Jeder fühlt seine Aufgabe im Inneren und handelt entsprechend, da die Vorgaben in Harmonie mit seiner Seele schwingen. Es wird keine Konkurrenzkämpfe mehr zwischen dem weiblichen und dem männlichen Pol geben, da die inneren Bereiche harmonisiert sind und der Mensch zu beiden Qualitäten innerlich offenen Zugang besitzt und sie in sich vereinen kann. Zwar wird es die Geschlechter weiterhin geben, doch die Aspekte von männlich und weiblich schwingen in Harmonie und sind in ihren positiven Seiten voll ausgebildet.

Die Menschen können im weiteren Verlauf telepathisch miteinander kommunizieren und die Aura sowie die hellsichtigen Wahrnehmungen sind für alle Menschen geöffnet. Die Kontakte in die Lichtreiche stehen offen, und die Menschen können auch mit den Wesen Verbindung aufnehmen, welche sich in anderen, tieferen Erkenntnisebenen weiterentwickeln. Die Trennung, wie sie im jetzigen Zustand empfunden wird, ist gänzlich aufgehoben. Niemand wird sich mehr alleine fühlen oder von Gott getrennt. Das heißt allerdings nicht, dass wir nichts mehr zu lernen haben oder „angekommen sind". Der Weg ist noch lang, doch wird er zum ersten Mal bewusst gelebt werden, und die Tore in das Gottesreich sind um ein großes Stück näher gerückt.

Geld in der bisherigen Form, Macht und Ruhm wird es in der neuen Zeit nicht mehr geben. Alle Menschen fühlen sich zutiefst miteinander verbunden und gehen im gemeinsamen Streben den neuen Zielen entgegen. Sogenannte Raubtiere werden in der neuen Zeit nicht mehr leben. Bestimmte Tierarten wünschen sich sogar, in unmittelbarer Nähe zum Menschen aufzuwachsen, wie bisher Hunde, Katzen und andere Haustiere, um von der menschlichen Entwicklung und ihrer Energie profitieren zu können. Teilweise kann mit diesen Tieren sogar ein telepathischer Kontakt aufgebaut werden, was das Miteinander für beide Seiten bereichernd gestaltet.

Auch Pflanzen, welche sich bisher mit Gift und Stacheln vor Zerstörung schützen mussten, wird es in der neuen Zeit nicht mehr geben. Der Kampf, wie ihn die Natur im bisherigen Gefüge kannte, wird aufgelöst. Pflanzen-Devas werden dann den Menschen mitunter bitten, etwa in ausgewählten Waldgebieten, diese von alten Baumresten oder sonstigen Ablagerungen zu befreien. Dann räumt der Mensch nicht nach altem Gutdünken auf, sondern in Harmonie mit der Natur und den höheren Gesetzmäßigkeiten.

Auch das Wetter wird sich in einem gemäßigten Klima-Rahmen bewegen. Wirbelstürme, Tornados oder sonstige Unwetter sind nicht mehr notwendig, da sich keine aufgetürmten Energiefelder mehr ausleben und neutralisieren müssen.

Einige der Neuerungen werden wohl noch einige Zeit erfordern, bis sie sich überall durchsetzen, doch können sich alle Menschen der liebevollen Hilfe aus der Geistigen Welt und den nötigen Inspirationen immer gewiss sein. Der Mensch wird in einer Weise geführt, wie es bislang noch nicht möglich war, und es wird sich überall ein Gefühl großer Nähe und Liebe einstellen.

So wünschen wir allen Menschen, die in sich diese Wandlung fühlen und sich liebevoll für einen neuen Anfang vorbereiten, jene Liebe und jenen Segen, den die höchste Kraft zu vergeben hat. **Möge der Übergang leicht sein und die Seelen frei werden.**